2018天猫双11全球狂欢节设计年鉴

GLOBAL SHOPPING FESTIVAL 2018 DESIGN YEARBOOK

阿里巴巴设计委员会　编著

電子工業出版社
Publishing House of Electronics Industry
北京·BEIJING

CONT

ENTS

绪言

PREFACE

今年的双11，注定是个好日子。尽管处于全球经济下行的大环境，双11依然屹立不倒。为什么？因为今年是十周年，一个绝佳的营销概念，比起任何画饼造物，它显得如此纯粹，而又充满想象。

十周年，为所有人提供了很大的想象空间！

作为营销创意人，绝对不会放过这个恰逢时机的题材。所有的人都会想，迎来十周年的双11会不会有什么不一样！全场十元？哈哈，那是不可能的！我厚道的笑声仿佛能穿透到你的耳边！从概念上，我们认为十年是一次总结，也是新的启程。“新”并不意味着即刻发生改变，市场必须顺应整合社会化的进程，更多的是对未来美好的寓意。而“旧”并不是一种固化模式的延续，而是我们品牌内核本身所追逐的那份真挚得以延续。十年，阿里的平台、商家、社会责任在发生变化；十年，我们的用户、场景、身份关系在发生变化。不变的是什么？是双11节日背后所有人倾注的热爱，每个人、每个角色的爱都不同，而这份情感的升华则是大爱无形。因此我们在品牌设计的策略层面提出了“为爱致敬”的仪式感表达。而这份倾注对外的启示，映射了对未来“精彩才刚刚开始”的眺望！

为爱致敬，精彩才刚刚开始！
全案的创意，如何从一个起点串起整个舞台，更是一门营销的艺术！

今年的品牌设计，串联了整体的VI、品牌应用、KV创意、传播手势、OC、IP、舞美设定等整个视觉系统的整合；娱乐设计，连接了舞台现场、展览空间、内容创意、线上互动等整个融媒体设计；零售设计，整合了线下八路大军的联合表达，以及整个商圈、门店、快闪通过线下物料、互动硬件、IP渗透等方式，多维度、全方位地体验下沉。导购设计，则系统化地将投放、会场、门户、导购产品、营销工具，做细密的网状部署；互动营销，肩负着23天、26个生态的全流量下沉及自媒体社交触达。

品牌营销设计的核心拆解，是将全案多维场景分层整合进来。孰知，双11背后是个系统化工程，功能属性决定了它的规模效应；而面面俱到的全案创意整合，在跨部门、跨生态的场景下，并不深刻。按照转化的维度和场景的特质，一般分为三层：第一层，形式整合，也就是表象，最基础的视觉印象；第二层，概念整合，也就是内容，画同一个饼；第三层，模式整合，也就是玩法，集中消费的行为和路径做闭环。

设计在其中的角色，竟然发生了变化！垂直上升到策划、策略；横向打通广告、传播、互动、导购、舞台、空间、装置等多专业门类。

到底什么样的团队能承接如此大的系统化设计？

不得不提，2018年年初阿里就品牌营销设计专门成立了一个创意设计中心，并且在全集团改变了创意设计师的职能，并吸收了空间设计、工业设计、文案等多个新兴门类。而2018年的双11创意就是在这个新生体中，融合传统的产品体验设计，一起孵化诞生的。

双11的集团化运作，不但是商业资源的整合、用户运营的整合，也是设计体验的整合，2018年再次升级，31个BU（业务单元）进入到十周年的战役当中。

一起，为爱致敬！
精彩才刚刚开始！

— 创意设计中心

品牌沟通

–

BRAND

构建一种有仪式感的表达方式，让美好流通、让情感共鸣。

Seeding a commemorative moment that expresses our inner-feelings, where rich and warmth emotions seamlessly resonate in our heart.

小众 *someone*	表达 *express*	大众 *everyone*
回顾 *look back*	仪式 *ceremony*	展望 *look forward*
大促 *promotions*	节日 *festival*	文化 *culture*
过去 *past*	现在 *now*	未来 *future*

2009···	2013	2014	2015	2016	2017	2018
光棍节	一亿份喜悦 一亿份好评	全民拍档 我为双11代言	我的双11 全球的狂欢	尽情尽兴 尽在双11	祝你 双11快乐	十周年 快乐

COMMUNICATION STRATEGY

-

品牌沟通策略

致力于打造全球化节日的天猫双11，来到了十周年的当口。从2009年到2018年，历经十年的演变，天猫双11早已不是当年的规模，它所服务的用户遍布全球，其内涵和外延都发生了巨大的改变。这十年当中，天猫双11从主打“五折”到“不止五折”再到“祝你双11快乐”，沟通的重点早已不是大促这么简单，而是开始沟通节日心智，引领全球消费者通过双11这个节日，发现快乐，开启理想生活。面向未来，我们还需要把节日演变成一种文化。文化就需要有内涵，我们如何赋予双11更深层的文化内涵，让节日心智在消费者脑海中沉淀升华，是我们需要沟通的重点。

因此，十周年不仅是对过去的回顾，同时也是对未来的展望。正因为过去十年，平台和消费者之间的欢乐不断被积淀，才让大家在这个特殊的时刻，对未来充满遐想。十周年，属于每一个人，在这个具有特殊纪念意义的时刻，我们需要创造一种共同的仪式，通过这种仪式，将十年间的欢乐传递给所有人。

品牌沟通策略总结成一句话表达：构建一种有仪式感的表达方式，让美好流通、让情感共鸣。

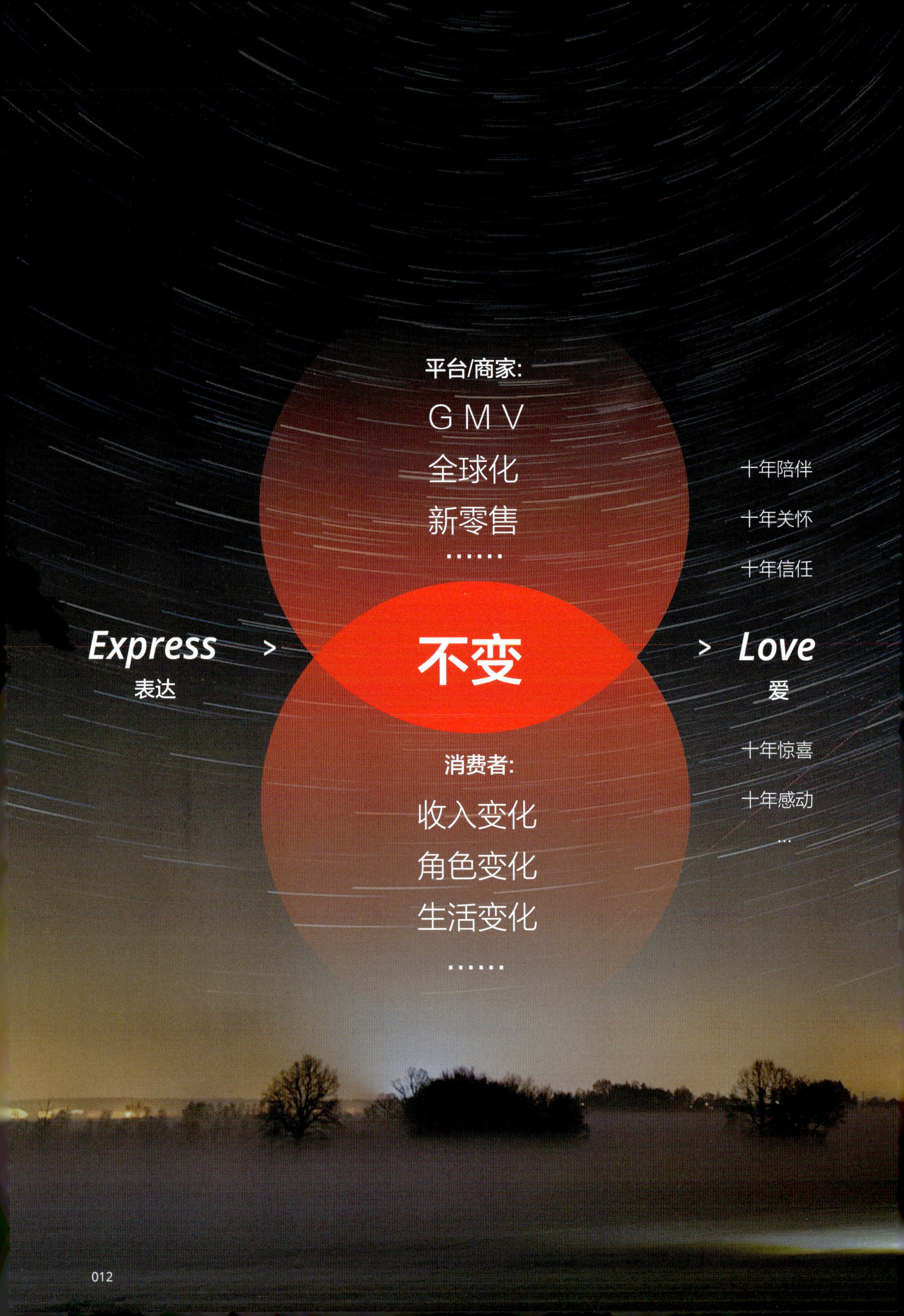
平台/商家:
GMV
全球化
新零售
……
Express
表达
>
不变
>
Love
爱
消费者:
收入变化
角色变化
生活变化
……
十年陪伴
十年关怀
十年信任
十年惊喜
十年感动
…

CORE IDEA

–

创意概念

Express ---------→ *Salute*

Love

品牌沟通策略为我们指引了方向，在这个方向的基础上，我们还需要向下拆解为创意概念，用概念去发想创意。
这需要我们去思考十周年的仪式感究竟要传递什么。

十年间经济实力的不断提升，带动着整体消费者端的消费升级，购物的需求，不再只是简单地追求物美价廉。“乐活绿动、人设自由、无微不智、独乐自在、玩物励志”等新的消费趋势不断涌现，意味着越来越多的人，开始去探寻物品背后新的生活方式。更加多元化、个性化的消费需求，推动着平台的升级。

随着各项海外业务的发展，双11开始走向世界。全球商家和消费者的融入，让双11变得更加多元。与此同时，由阿里经济体推动的整体零售业的革新——新零售，开始走进大街小巷，以一种全方位、数据化、智能化的方式，服务每一位消费者。在平台和消费者的合力下，双11的GMV（成交金额），持续刷新着我们的想象。这些变化，见证了十年间，平台和消费者之间的共同成长、陪伴、关怀、信任、惊喜和感动。这才是天猫双11不变的美好，是平台和消费者之间共同建立的大爱，是一种共同拥抱理想生活的热爱。仪式感，就是让我们将这份爱表达出来，传递给所有人。

BRAND CONCRETIZATION

–

品牌具象化

如何将抽象的概念转化为具象的感知，成为所有人一看就懂的情感共鸣是双11的一项重要课题。

当我们将十年间通过双手“买买买”这个行为所积累的美好、惊喜、感动，汇聚到心里的时候，最好的表达爱的方式，就是将这份爱寄托于物，再通过双手传递出去。当这个动作做出来，大家就懂了。千言万语想要表达的心意，转化成所有人一看就懂的肢体语言。它将跨越语言、种族、文化的隔阂，全世界通用，将平台对消费者的关爱，消费者对理想生活的热爱，在所有人心里流通。

十年，就像指间的风

它匆匆地滑过，又悄悄地留下

记录着生命的轨迹

藏在心里，存下感动

让美好，在时光中醇化

在特别的日子里

带着记忆的味道，涌上心头

让我们情不自禁，伸出双手

为自己，为大家，为未来

为我们的十年

为爱，致敬

CREATING ICONS

–

符号化

Salute

致敬

在符号化的过程中，有三个核心元素是必不可少的，猫头、11.11、十周年，它们都是天猫双11品牌的重要资产，去掉其中任何一个，品牌表达都将不完整。因此，三个元素的组合，就已经构成了品牌符号的主体，我们的难点就在于如何在方寸之间，巧妙地将它们和手势创意融合，打造情理之中、意料之外的符号化表达。

因此，我们还需要将品牌符号创造成一种视觉容器，让所有的内容在这个容器内表达，通过统一的风格将各个渠道的内容串联起来，构建共同的仪式感，让整个故事围绕同一条主线持续丰满。

a

全球狂欢节

十周年

FORMAT

双11核心版式风格

基于Logo的概念演绎提炼出双11识别构成，保证各场景下的一致性。

双11线上Format

SHOPPING GUIDE DESIGN

产品导购

双11品牌符号在产品导购中营造氛围感。

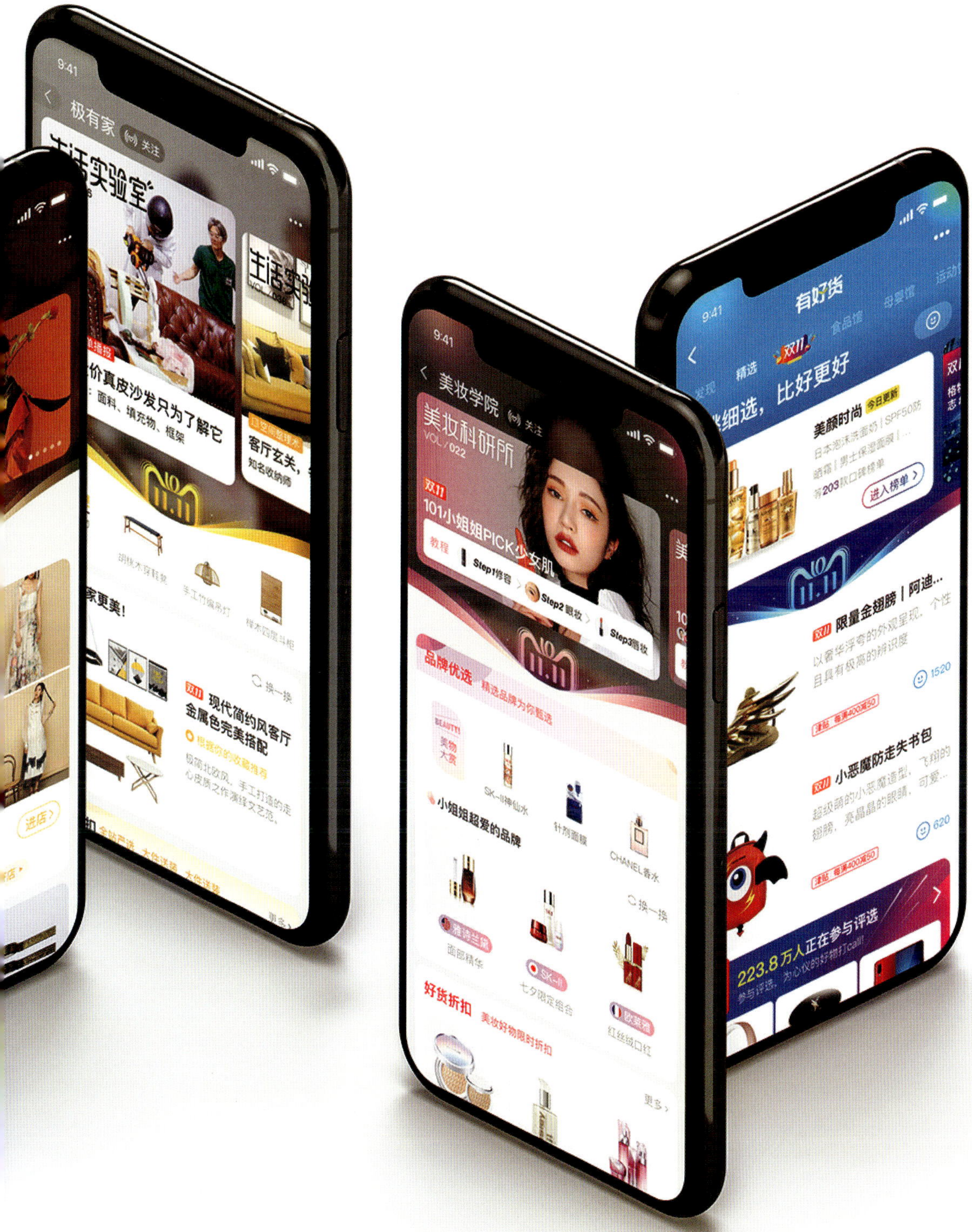
9:41
极有家
关注
价真皮沙发只为了解它
面料、填充物、框架
客厅玄关，
知名收纳师
胡桃木穿鞋凳
手工竹编吊灯
家更美!
换一换
现代简约风客厅
金属色完美搭配
极简北欧风，手工打造的走
心皮质之作演绎文艺范。
选店
9:41
美妆学院
关注
美妆科研所
VOL / 022
双11
101小姐姐PICK少女肌
教程
Step1修容
Step2眼妆
Step3唇妆
品牌优选
精选品牌为你甄选
美物大赏
SK-II神仙水
针剂面膜
CHANEL香水
小姐姐超爱的品牌
换一换
雅诗兰黛
面部精华
SK-II
七夕限定组合
欧莱雅
红丝绒口红
好货折扣
美妆好物限时折扣
更多
9:41
有好货
发现
精选
食品馆
母婴馆
运动
细选，比好更好
美颜时尚
今日更新
日本泡沫洗面奶 | SPF50防
晒霜 | 男士保湿面膜 | ...
等203款口碑榜单
进入榜单
限量金翅膀 | 阿迪...
以奢华浮夸的外观呈现，个性
且具有极高的辨识度
1520
小恶魔防走失书包
超级萌的小恶魔造型，飞翔的
翅膀，亮晶晶的眼睛，可爱...
620
223.8万人正在参与评选
参与评选，为心仪的好物打call!

DESIGN FOR DIGITAL ECONOMY

–

氛围设计

阿里经济体APP图标中
双11氛围的联合传递。

移动端双11主题元素的结合，让消费者在整个购物环节中感受到双11全球狂欢节的氛围。

CO-BRANDING POSTERS (DIGITAL ECONOMY)

–

联合经济体海报

2018年双11，24个阿里经济体一起推出天猫双11
全球狂欢节十周年的联合海报。

阿里云 × 天
越计算
天猫双11全球狂欢节十周年

淘宝 × 天猫 精彩才刚刚开始
10
越淘越
神奇
天猫双11全球狂欢节十周年
11.11

CAI NIAO 菜鸟 × 天猫 精彩才刚刚开始
10
越收货
越有收获
天猫双11全球狂欢节十周年
11.11
CAI NIAO 菜鸟

精彩 才刚刚开始
越智能
天猫 10周年
阿里云官方旗舰店
打 开 天 猫 A P P 搜 索
*各品牌参与活动情况详见天猫网站或各客户端具体页面

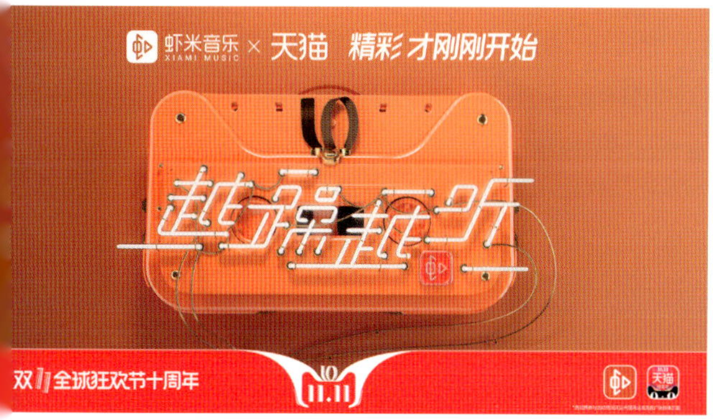
虾米音乐 XIAMI MUSIC × 天猫 精彩 才刚刚开始
双11全球狂欢节十周年

淘票票 × 天猫 精彩 才刚刚开始
越看越有戏
天猫双11全球狂欢节十周年

CO-BRANDING POSTERS (PARTNERS)

–

品牌联合海报

我们联合品牌商一起推出
天猫双11全球狂欢节十周年的品牌海报。

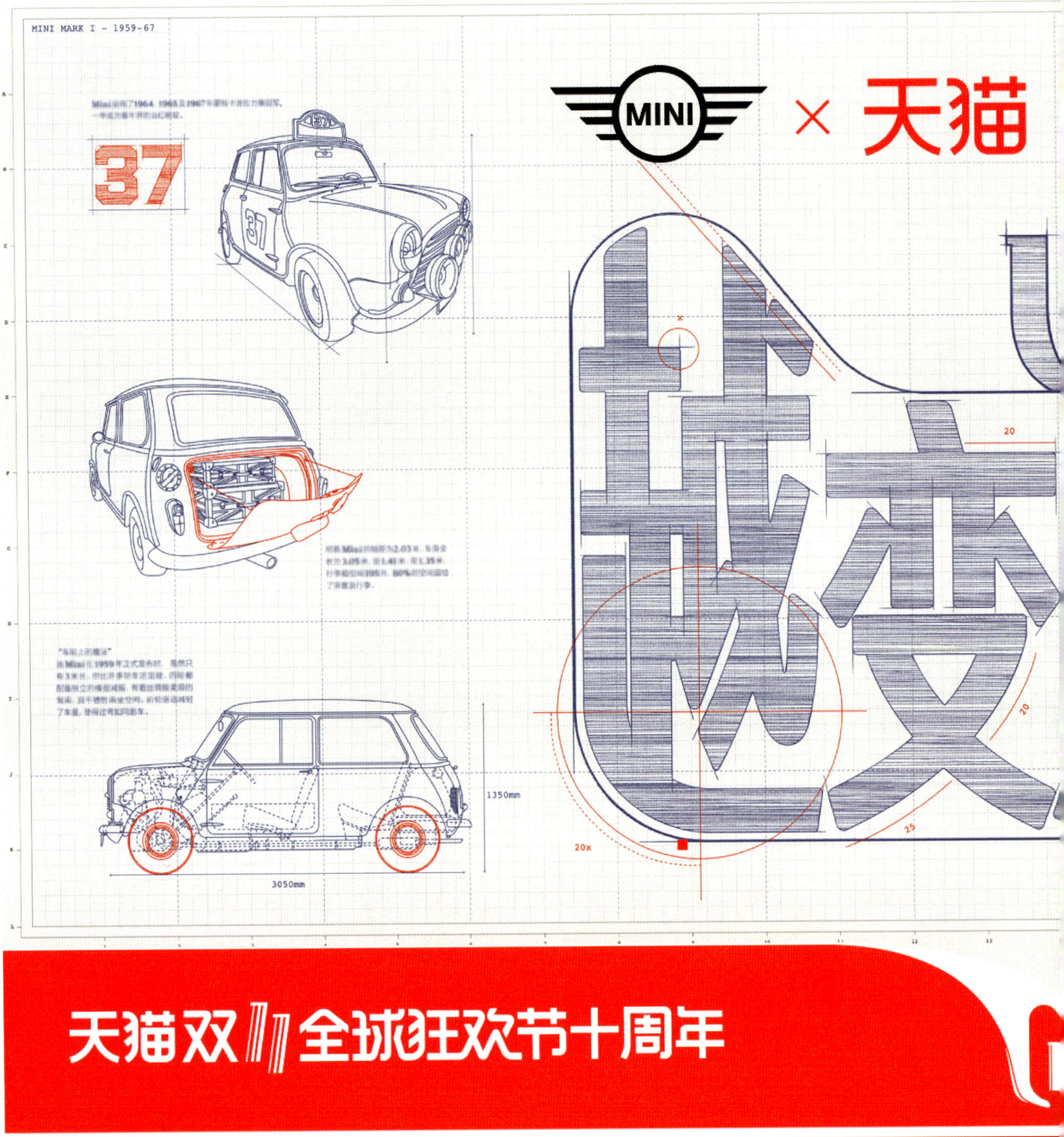
MINI MARK I - 1959-67
37
MINI × 天猫
1350mm
3050mm
天猫双11全球狂欢节十周年

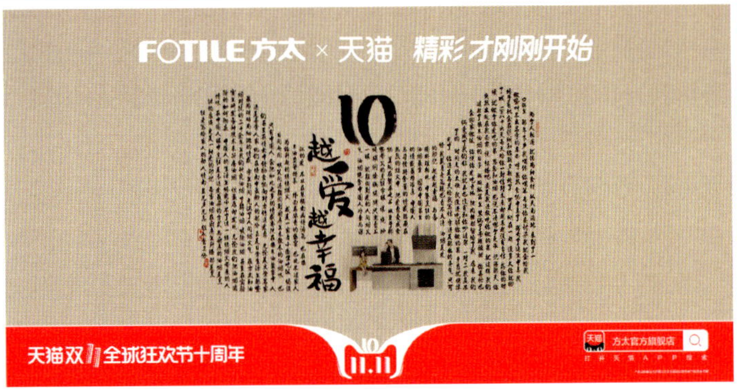
FOTILE方太 × 天猫 精彩才刚刚开始
10
越爱越幸福
天猫双11全球狂欢节十周年
10
11.11
方太官方旗舰店

× 天猫 精彩才刚刚开始
越分享 越畅爽
天猫双11全球狂欢节十周年
10
11.11

精彩 才刚刚开始
MINI COOPER F55 - 2018
20x
30
1464mm
3993mm
1501mm
1727mm
天猫
MINI天猫官方旗舰店
打 开 天 猫 A P P 搜 索
*各品牌参与活动情况详见天猫网站或各客户端具体页面

LAMY × 天猫 精彩 才刚刚开始
越枯燥越要创造
双11全球狂欢节十周年
lamy旗舰店

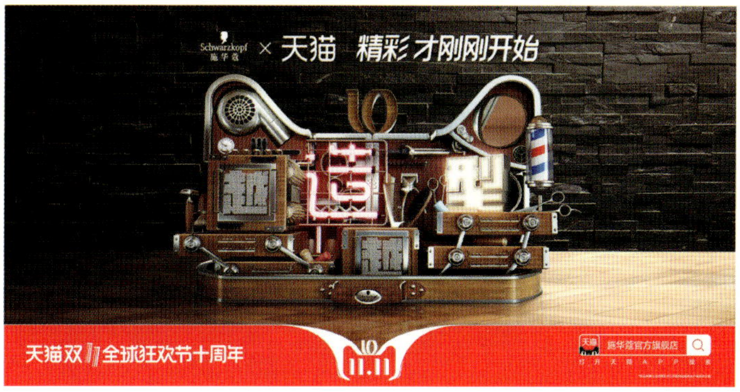

Schwarzkopf 施华蔻 × 天猫 精彩 才刚刚开始
天猫双11全球狂欢节十周年
施华蔻官方旗舰店

TMALL CO-BRANDING MEDIA CHANNELS

–

天猫 × 品牌联合投放

我们联合商家在商圈、工作圈、生活圈进行了“海陆空”多维度、

多场景的统一联合投放，

保证了双11在线下线上的氛围感、仪式感的传递。

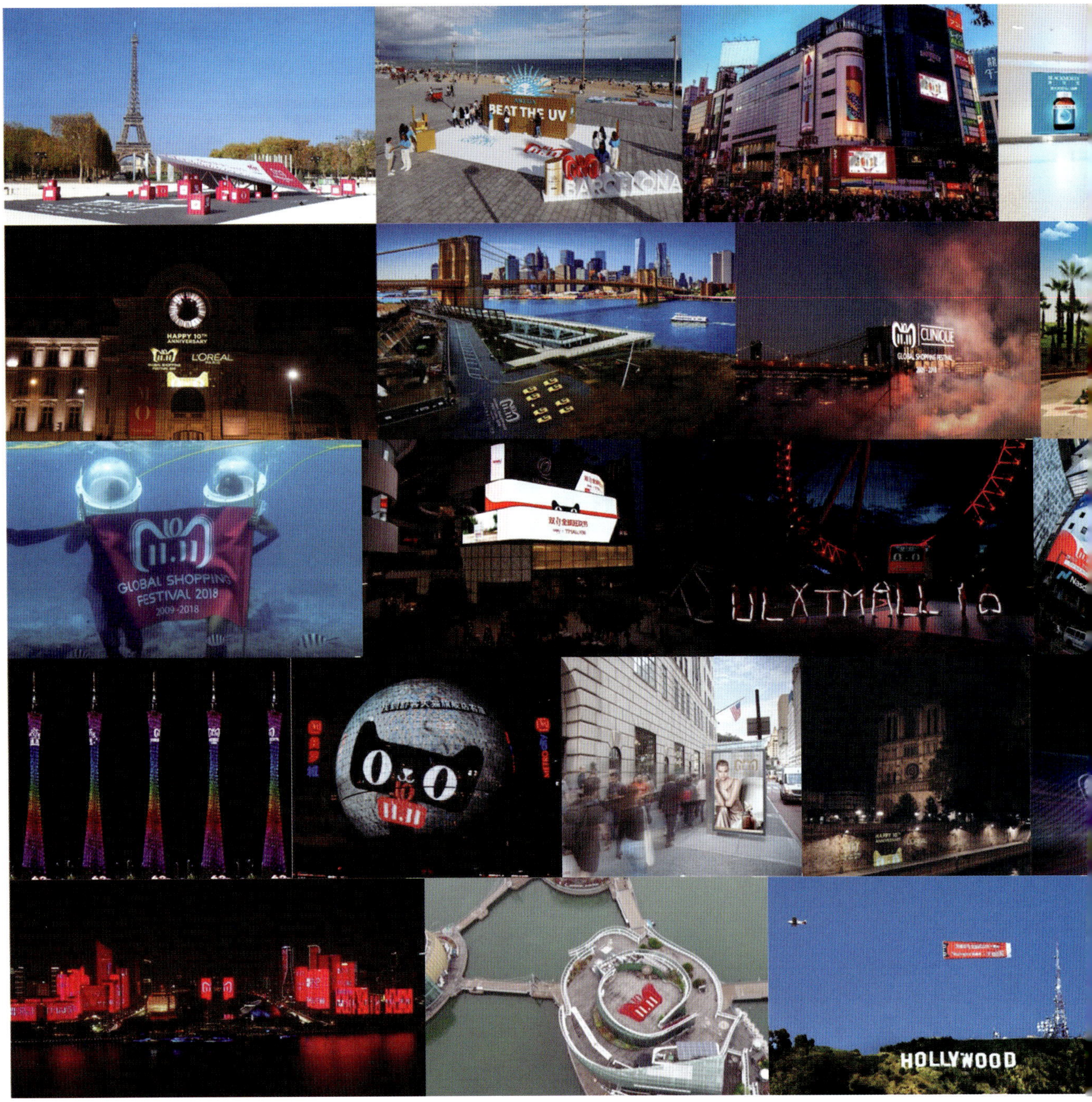
BEAT THE UV
BARCELONA
HAPPY 10TH ANNIVERSARY
L'ORÉAL
CLINIQUE
GLOBAL SHOPPING FESTIVAL 2018
2009-2018
HOLLYWOOD

我们在海内外结合本地的风土人情，
把双11从悉尼到纽约、从吉隆坡到中国台北，除中国大陆以外，
七大海内外站点，
传递给全球的每一位华人。

TMALL CO-BRANDING PACKAGING

–

品牌联合包装

为了将天猫双11十周年的仪式感传递到广大用户手中，我们设计了大量的双11十周年定制款礼盒。在工艺上，相比以往有所创新，品质、手感及品牌形象均得到了明显提升。这份礼盒能将我们对精彩生活的祝福传达给用户，也为天猫双11品牌渗透到更多的线下场景提供了机会。

BeLLE × 天猫
飞利浦 × 天猫
猫双11全球狂欢节
Tmall Molly
TMALL与你分享 爱的感觉
ECOVACS × 天猫
COUT2018R00
LOVE ADVENTURE
天猫全球狂欢节

m&m's × 天猫
Levi's × 天猫
FIYTA × 天猫
11.11
性敢冒险家
LOVE ADVENTURE

adidas × 天猫
SKECHERS × 天猫
东风雷诺 × 天猫
KFC × 天猫
11.11
TMALL与你分享 爱的感

kindle
SMEG
SMEG

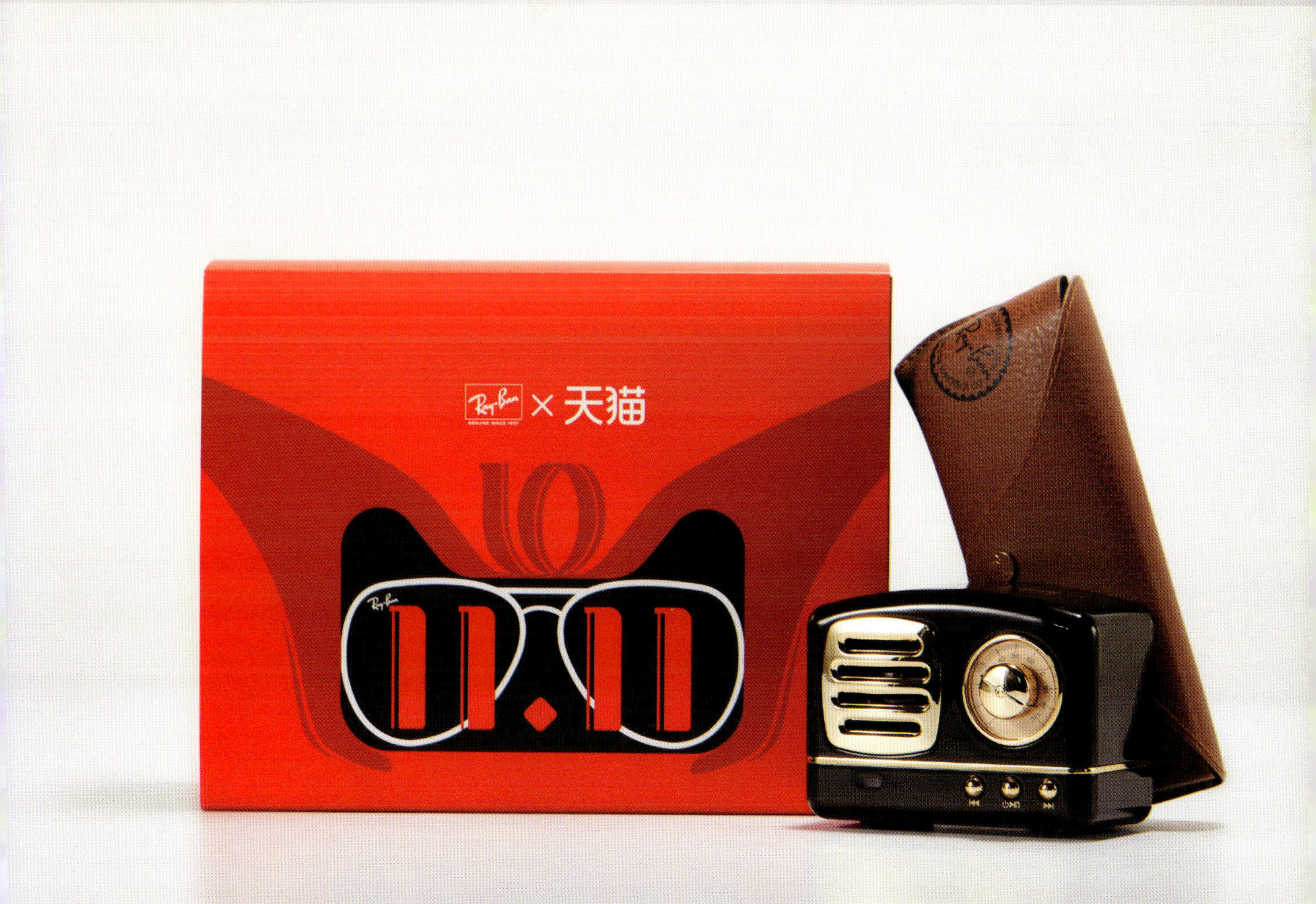
× 天猫

MOOD & TONE

–

风格化

视觉风格如何体现仪式感？

它必须具有两重属性：

一是能够承载回顾过去的年代感属性，二是能够承载展望未来的憧憬感属性。听上去是不是自相矛盾？没错，这就是我们的难点。

当我们站在当下，将过去和未来连接起来的时候，它在我们脑海当中形成了一条线；如果把每个人的过去和未来连接起来，它就变成了线的矩阵。它是生命划过的轨迹，特别像摄影里面的延时光线。巧妙之处就在于，延时光线是将一段时间内的影像变化通过一个镜头浓缩表现出来，而这些光线的交织，又能构建起通向未来的时光隧道，完美地将过去和现在连接在一起。

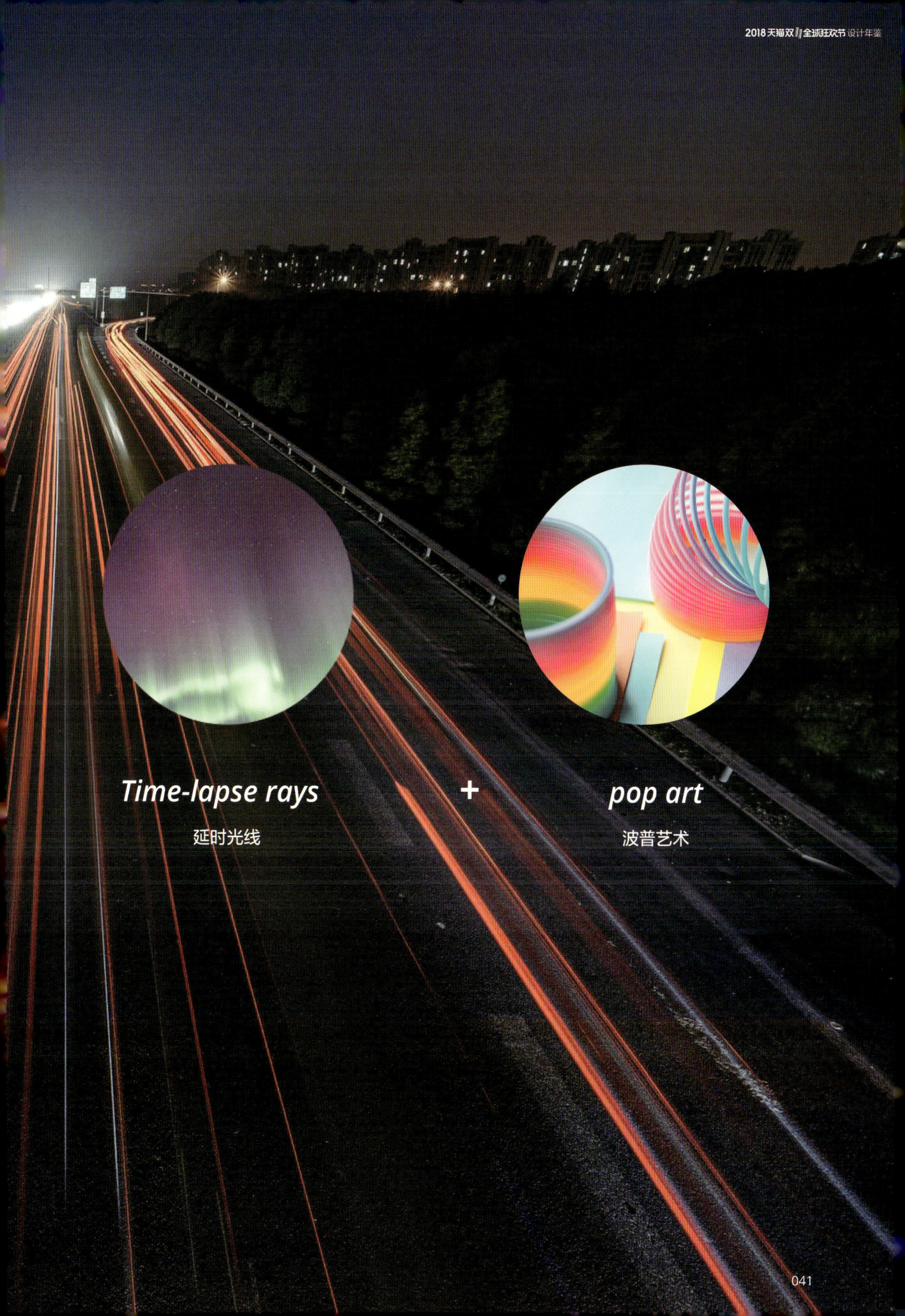
Time-lapse rays
延时光线
+
pop art
波普艺术

KEY VISION

双11主视觉演绎

我们把视觉风格转换成“形、色、质、构”的视觉语言，在每个传播阶段对视觉进行拆解，从造势、预热到开启，将整个双11的仪式感表达贯穿到我们的风格化视觉中。

光线

抽象线条/光晕光斑

时光

70%暖色30%冷色

丝滑

纤细如丝

穿梭

空间纵深感/ 延伸感

造势
10.19 — 10.31

发现生活的美好
Discovery

探索发现
发现全球的好货

特征: 聚焦

层次感、穿梭感，棱面空间

预热
11.1 — 11.10

创造生活的仪式
Ceremony

自我定义
定义独特的真我

特征: 仪式

星轨、线性轨迹，圆形空间

正式
11.11

开启理想的生活
Release

情绪释放
释放对生活的热爱

特征: 释放

放射感、动感，折叠空间

CAMPUS ATMOSPHERE

–

阿里双11园区氛围

双11期间，我们在园区内也营造了双11的氛围，
搭建了几个以光线为主题的装置——“幻乐之城”“造梦空间”等。

西溪园区四号楼广场 ——“幻乐之城”

NEWS CONFERENCE

天猫双11十周年发布会

每年双11发布会，都是对外宣传的第一站，我们通过发布会把双11的视觉元素还有仪式感主题都结合到一起，给媒体、商家还有消费者带来一场双11十周年的时光体验之旅。

发布会从前期筹备开始就进行核心概念输出，从外场氛围营造，到内场感官体验和内容传递，把仪式感展现到极致。

球狂欢节

全球狂欢节
开始

精彩 才刚刚开始
2018 TMALL DOUBLE 11 GLOBAL SHOPPING
PURINA
汤臣倍健
三只松鼠
OMRON
ALBION
ARROW
箭牌卫浴
Kaadas
凯迪仕·智能锁
CASIO
oppo
Jahwa
上海家化
Haier
钟薛高
想念
KIKO
MILANO
Kanebo
佳丽宝
Vinda
维达
良品铺子
Joyoung九阳
vivo
源氏木语
纯实木家具
Goodbaby
ECOVACS
elleair
エリエール
Roche
H&M
雅萌
全友家居
Clarks
i.t
秦菲亞
Hisense
獐子岛
MAXI-COSI
金可集团
Holland
PANDORA
CHANDO
自然堂
BLACKMORES
honor
小狗

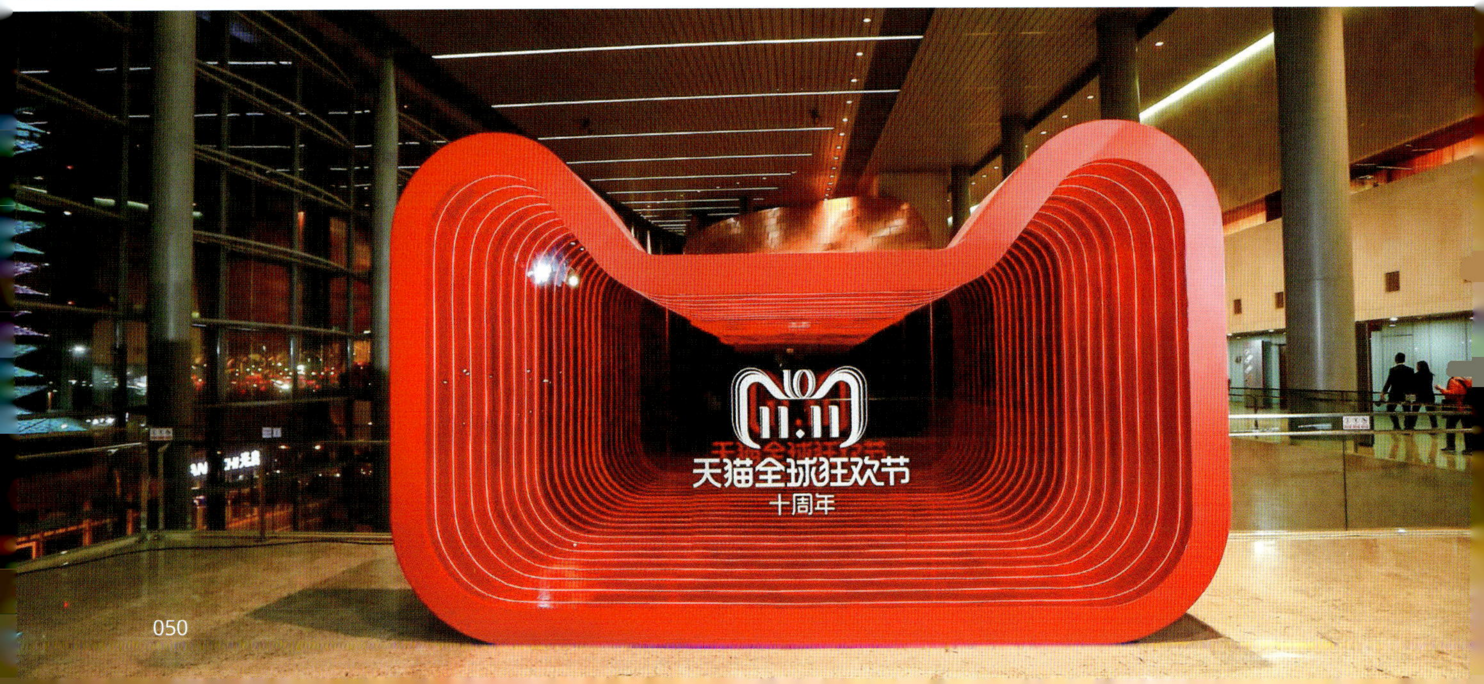
11.11
天猫全球狂欢节
十周年

2018天猫双11全球狂欢节
新闻发布会
2018 TMALL DOUBLE 11 GLOBAL SHOPPING FESTIVAL
PRESS CONFERENCE
2016
2015
2014

天猫

2010
2011
2012
2013
2014
2016

TMALL DOLL IP

天猫IP形象

我们对天猫形象进行了升级，结合双11十周年的节日属性定制了一款时空穿梭系列公仔。天猫乘坐着阿里巴巴号飞船，带我们一起回顾过去、展望未来，精彩才刚刚开始。

喵公仔 ········ *Upgrading* ········ 形象升级 ········ *Ho*

饼干版

升级版

节日感

双11版

Sense of ritual

仪式感

双11时光礼盒

JUST 2018.11.11
BEGINNING
TMALL
10 YEARS
2018 GLOBAL SHOPPING FESTIVAL

JUST 2018.11.11
BEGINNING
TMALL
10 YEARS
2018 GLOBAL SHOPPING FESTIVAL

CREATIVE COMMUNICATION

–

创意传播——天猫双11狂想曲

新媒体媒介已成为传播流量最大的用户接收信息渠道，因此天猫双11十周年营销活动中，我们结合新媒介的载体，对双11活动进行创意手法包装，引发关注并得到广泛的曝光。

“双11狂想曲”结合双11天猫与品牌的定制礼盒产品，制作歌曲类创意视频。每个品牌背后都有一个独特的故事，并且有一个特有的声音，通过这个声音进行趣味化的内容呈现。

手机扫一扫观看

CREATIVE COMMUNICATION

创意传播——十年进化史

从商品的角度回忆，表现商品这十年的进化历程，带领消费者一起来见证这一伟大的里程碑。

11.11
十年进化：越淘越开心
10月29日 [全球尖货] 疯狂开抢不只是5折

10TH YEAR
10
11.11
十年进化：越玩越过瘾
10月29日 [运动服饰] 大牌爆款狂欢直降再减

十年进化：越练越闪亮
10月29日［运动服饰］大牌爆款狂欢直降再减
十年进化：越造越非凡
10月31日［家电数码］最高直降千元
十年进化：越过越精致

CREATIVE COMMUNICATION

-

创意传播——天猫月光宝盒

手 机 扫 一 扫 观 看

每次打开快递盒的瞬间，就像迎来精彩的一刻。

十年时间，我（快递盒）经历了很多欢声笑语，我听过很多故事，

每次人们打开我的瞬间，有笑声，有哭声，有抱怨声，有兴奋的声音……

像电影里面会出现的故事情节，在我开启的瞬间都感受过。

无论酸甜苦辣，都是精彩生活的一部分。

从我这里，也许打开的是收获，打开的是温情，打开的是真诚，

打开的是解忧……

就从这里，开启你的精彩生活吧！

CREATIVE COMMUNICATION

–

创意传播——送给10年最好的自己

送给10年
最好的自己
10TH ANNIVERSARY
低调不是我的范儿
美才是!
11.11
付定金立减100
10月22服饰美妆日 每天变美一点点
送给10年
最好的自己
别看我弱不禁风
其实我是
翻墙越岭的技术控
11.11
手机新品12期分期免息
10月24日 IPHONE XS新品抢先订
送给1
最好的自己
10TH ANNIVERSARY
手机新

十年很长，3,650天
十年也很短，若白驹之过隙
在这个过程中，没有所谓的正确的人生
有的只是不停往前
没什么好等待的，想做的事情，现在就去做吧
无所畏惧，精彩才刚刚开始

打开天猫，买下一整套滑雪装备
下个十年我要到瑞士圣莫里兹的顶峰来一个大回转
画出完美的弧线
下个十年，你想怎么过

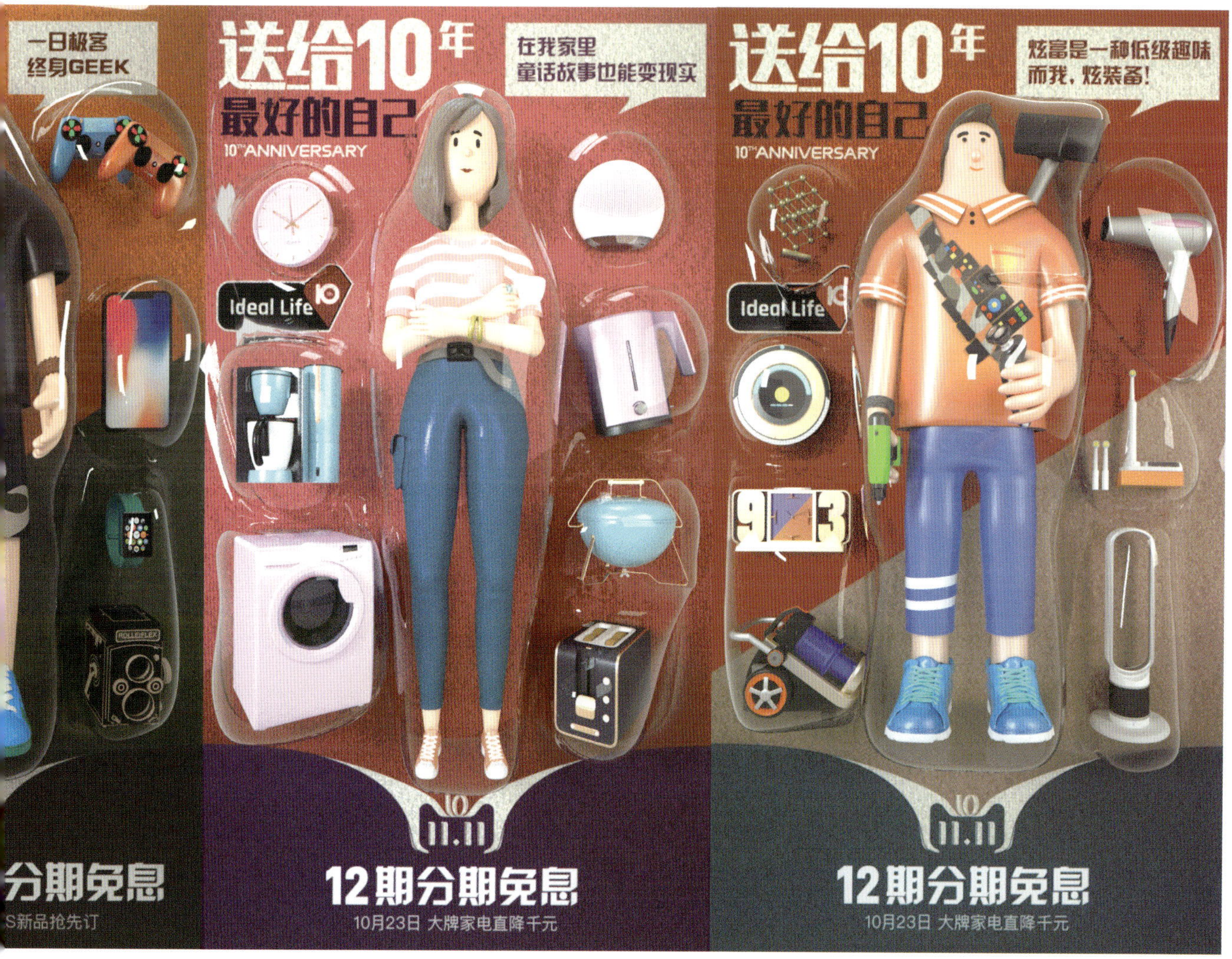
一日极客
终身GEEK
分期免息
S新品抢先订
送给10年
最好的自己
10TH ANNIVERSARY
在我家里
童话故事也能变现实
Ideal Life
11.11
12期分期免息
10月23日 大牌家电直降千元
送给10年
最好的自己
10TH ANNIVERSARY
炫富是一种低级趣味
而我，炫装备！
Ideal Life
11.11
12期分期免息
10月23日 大牌家电直降千元

十年，有无数精彩的瞬间

也许是雨后的那道彩虹

也许是巷角的那抹微笑

下一秒的事情

谁也不知道

也许在某处

精彩，正在等着你发现

挡不住的精彩，正在等你开启

11.11
开启你的智能梦想家
10.24 大牌家装 满9000减500

11.11
开启妈咪的梦幻秘籍
10.25 母婴童装 1元抢百元券

11.11
开启你的活力鲜果趴
10.26 生鲜食品 疯抢百元券

娱乐化设计

–

ENTERTAI
DESIGN

NMENT

TMALL 11.11 GALA

–

双11晚会

天猫双11狂欢夜是以融媒体形态重构娱乐与商业连接的新综艺晚会（简称猫晚），也是“双11”这个一代年轻人自创节日的文娱符号。2018年是天猫双11诞生的第十个年头，从单纯的“购物节”到商业界的“奥林匹克”，双11不仅引领着广大消费者生活方式的变革，也见证着中国商业发展的历史变迁。而猫晚也凭借引领潮流、国际多元的内容设计，更加丰富的观看场景和互动体验，完成了从“开场哨”到“开场秀”的升级，全新定义了“融媒体超级晚”。

KUKa

天猫双11狂欢夜从2015年开始的以纯综艺为主，到2016开始尝以晚会+购物的形式拓展，再到2017年以晚会现场加TV直播的形式，用线上APP端承载互动，实现了真正的“跨屏互动”。一场因购物诞生的晚会、以明星结合直播的形式已被大众普遍接受了，到2018年线上线下内容如何重构，如何合理地引导用户由“被动行为”转变为“主动行为”，成为了设计师新一轮追求的目标。

为庆祝天猫双11十周年，2018年的猫晚我们面临一项重大挑战——打造文娱与商业的“新综艺物种”。用一句话形容“新综艺物种”，就是线下直播以外的内容拓展和体验增强的互动方式，是一种体系化的营销产品，用户不论是关注电视还是手机屏幕，都可以愉悦地进行购物。

顾家家居
天猫双11狂欢夜
- 2018 -
精彩才刚刚开始

INTERACTION

2018双11晚会互动——打造新综艺物种

打造新综艺物种的魂
构建天人合一的时空之境

双11十周年是中国电商的一部史诗，双11晚会则是体现阿里精神内核的最好载体，除了晚会的节目内容，我们还想在线上互动中传递一种人文哲学。

双11十周年是精彩的开始。我们致敬历史，才看得到未来，以回望时空为视觉概念，营造一种可感知的互动空间。在这里，我们可以感知时间，感知时空，感知时光。仰望同一片星空，我们回想十年前缔造双11的梦想。斗转星移，今天我们继承着历史，手揽星辰，让这个璀璨的梦想落地。所以我们在互动容器的部分，设计了时空之镜，让顶部的浩瀚星空和时空隧道映射于底部的镜面，回望十年，致敬历史。

“一沙一世界”是晚会“天人合一”主题的集中提炼和解读，天是大世界，人是小世界，“天人合一”就是人和世界的关系。平凡的每个人，平凡的每一天创造了双11十周年的辉煌，这正是晚会需要传达的精神内核和哲学思想。金沙代表平凡的每个人和他们的每一天，正是他们凝结成了现在和未来。结合这个创意概念，我们把概念输出到线上内容，当晚会开始时，直播间开始播放开幕视频，时光之城随之开启，在时光寻宝互动小游戏设计中，巧妙地将宝藏藏在四座城之中。

寻宝石找红包 赢终极大奖
天猫双11狂欢夜
进口耳机
已结束
微笑赢红包
即将开始 瓜分两亿
红蓝押宝
清空购物车
天猫双11狂欢夜
浙江卫视、东方卫视、优酷APP同步直播
进店逛逛 >
寻宝石找红包 赢终极大奖
快来寻宝
穿越时光 精彩启程

双11晚会开启视频

“一沙一世界，一花一天堂。无限掌中置，刹那即永恒。”

——布莱克《天真的预言》

以“一沙一世界”为线索，从一粒沙到宇宙，我们用金沙代表平凡的每个人和他们的每一天，用手中的沙漏代表十年的流金岁月和永恒的周而复始的创造。人和时光铸就了启示未来的4把超能量钥匙，并将引领他们探索和开启下一个更精彩的未来。

11.11
集齐4把金钥匙 赢独享超级至尊礼
时光
精彩
未来

打造新综艺物种的骨骼——建立晚会引导框架

办一场晚会纷繁复杂，设计师必须拥有一双上帝之手才能创造出晚会互动的框架骨骼。猫晚是集综艺内容、游戏互动、移动购物于一体的超级综合体，首先需要构建合理的引导框架，让用户在观看晚会的同时，欢乐地拿权益，激动地抢商品。

整体的页面设计分为三大层级:直播内容层、互动信息层及权益玩法层。直播内容层为底部层级，主要承载直播间的内容直播、核心的点赞及聊天功能;互动信息层为中间层级，主要承载核心的互动游戏玩法和晚会商家坑位；顶部的权益玩法层主要是承载具体的互动玩法及相关的权益领取。总体上三个层级各尽其责，结构清晰，也避免了给用户在操作和认知上带来混淆。

微笑赢红包
红蓝押宝
快来寻宝

互动创新： 一首歌抢礼

通过往年的数据分析，我们发现互动时间手机端可以更好地吸引用户注意力，但是明星唱歌环节的收视率则相对平缓，因此今年设计师尝试对明星唱歌的环节进行改造，将传统的歌唱表演类节目与互动进行融合，进而提升用户参与度，一首歌抢礼由此而来:以明星唱歌为节奏，用户可以通过手机进行互动，根据不同的节奏来匹配不同的音符。用户玩得越好拿到的商家权益就越多。一首歌抢礼通过双屏联动的方式，结合商业需求，成功吸引了用户进店抢礼。同样由互动创意小组主导的一首歌抢礼，为晚会歌唱类节目改造变革提供了新的思路，赋予传统节目新的生命力。

耐克Air Force 新款跑鞋
耐克Air Force
原价：2999元
666
好棒!
红蓝押宝
一首歌抢礼
我是权益呀啦啦啦啦
立即参与
快来寻宝
寻宝石找红包 赢终极大奖
快来揭晓最终到手价吧
耐克 Air Force 新款跑鞋
限量500件
去店铺开宝箱
本活动奖品由nike旗舰店赞助

2018年的晚会多了很多新鲜的玩法。像红蓝PK、跨屏抢星礼这些优 质互动依旧被保留，同时也紧扣天猫双11十周年的主题，引入了笑 脸红包、一首歌砍价、双11时光机、终极宝箱等全新的互动玩法。 如果说往届的晚会更加注重“即时互动，高效进店”，那么2018年的互动玩法则将侧重点放在了“沉浸式的参与感”上。

在手机淘宝（简称手淘）端搜索关键词

利用淘宝的搜索密令工具来揭晓答案，展示晚会页面入口完成闭环

媒体端吸引流量

TMALL COLLECTION

–

双11潮流盛典

如果说有一个节日并没有公休假，却让全中国乃至世界都翘首期盼的，非双11莫属。

如果要在为期23天的双11期内大大小小的活动中选一个最时髦的，非潮流盛典莫属。

2018年，对于天猫双11是整整十周年，而对于潮流盛典来说，更是自我蜕变与价值升级的一年。

在引领潮流的方式上，从连续三年举办的时尚大秀升级成大秀+解说模式，全方位地向消费者输送“时尚”概念；在规模上，更举办了线下静态秀、快闪秀，让消费者以不同的形式身临其境地感知、触碰到时尚潮流，玩出新精彩。PLAY FOR NEW，也是今年潮流盛典主要向消费者传递的价值理念。

除此之外，潮流盛典更首次成为天猫双11的开场秀，拉开了为期23天的双11序幕。

天猫双11来啦-潮向由我
订智生活
治愈哲学
微观地球
潮向由我
TMALL COLLECTION
天猫双11全球潮流盛典
东方国潮
年度潮流尖货
御泥坊红石榴亮...
¥79.9
森马男士套装
¥229.5
李宁男休闲鞋
¥198
元气乐
swatch
20+超模明星
千万红包好礼
造势主会场
预售主会场
测一测你的潮流趋势，分享赢1111元红包
立即测试
臻选大牌
秋冬新品震撼发售
立即进店
ESTEE LAUDER
雅诗兰黛
BURBERRY 张艺兴实力演绎潮流趋势
Jaden Smith
330,789
Anna Sui
126,132
窦骁瑶
342,643
389,010
Adidas掀起复古线
掀运动国风潮
Air Jordan
引领新国潮
Jordan XXXII
AJ引领新国潮
查看详情
2018.10.21
北京·水立方
精彩节目，先睹为快
正在直播
张碧晨演绎浪漫美式风情
进店
去PK
赢大奖
GUESS
你喜欢GUESS的潮态度是？
新性感 VS 经典时髦
PK赢大奖
连帽羽绒服
¥3499.0
毛领连帽棉服
¥1149.0
中长款羽绒服
¥1499.0
艺术美丽

2018天猫潮流盛典IP品牌化设计

潮流盛典IP品牌化第一年

潮流盛典作为延续性的活动，在规模体量、用户认知、商业生态影响力等方面不断壮大，除依靠双11的整体品牌外，潮流盛典自身独立心智的需求也逐渐形成。因此，今年设计团队的核心目标之一就是将潮流盛典IP品牌化。

2016　　2017　　2018

1. 品牌符号的构成

潮流盛典今年主打PLAY FOR NEW，基于数据洞察，联合全球顶尖趋势预测机构发布了**“时髦潮范、艺术美力、东方国潮、元气乐活”**四大潮流。

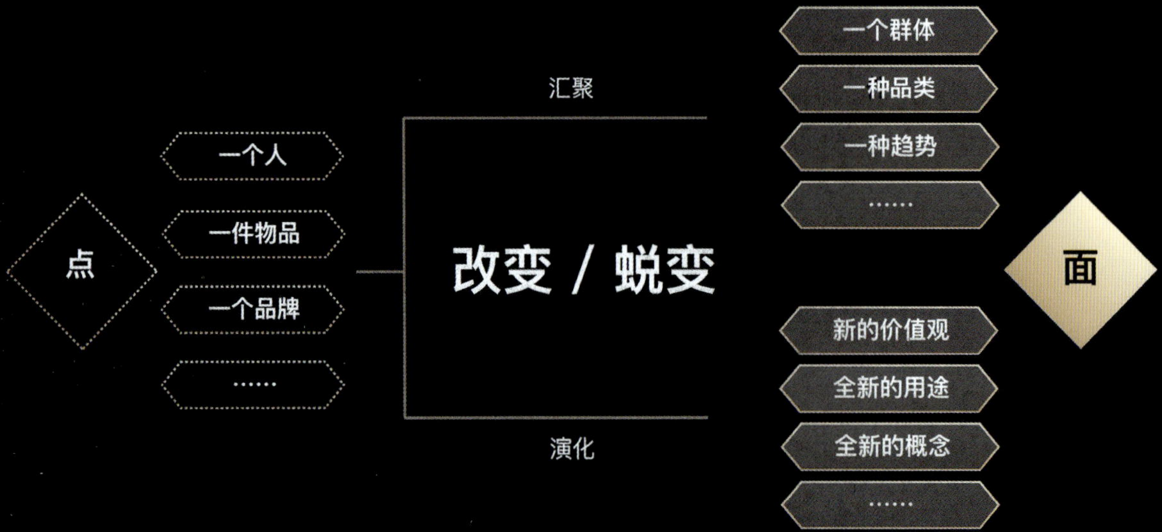

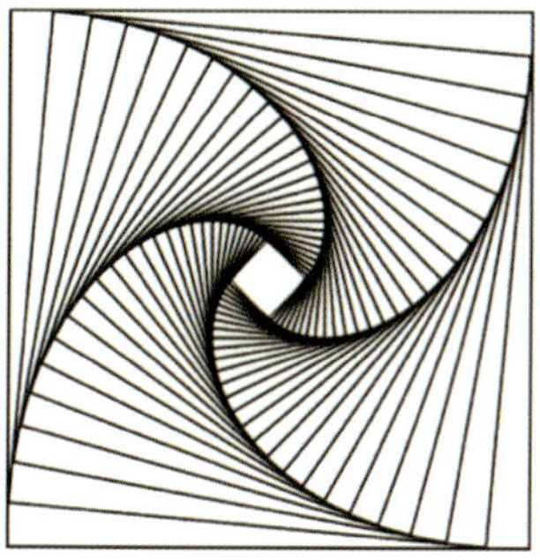

2 . 母子品牌关系

作为天猫双11整体品牌的分支，需要考量与主品牌的承接关系，既能明确识别潮流盛典，也能感受到是双11的一部分。在“质”“构”上，沿用双11主品牌KV的特征，以“延时摄影”为主的表现手法，加强了品牌符号在静态和动态的演绎效果，希望能帮助“PLAY FOR NEW”价值理念的透出。

3. 品牌映射的全局性

区别于往年主要针对线上品牌映射，今年在十周年这个特殊的营销节点，所需要考虑和覆盖的场景比往年增加3倍，这也使得品牌方案需要考虑线上、线下等全场景的应用。我们可以把品牌IP化过程简单地分为三个阶段 ：建立期（品牌认知）、成长期（品牌认可）、成熟期（品牌赞同）。

今年潮流盛典品牌IP化属于打造用户认知基础的建立期，品牌符号穿透贯穿极其重要。

品牌全方位地映射到4个不同的广义场景（线上、线下、传播和延展物料），细分触点多达60多个。

由于潮流盛典线上线下一体的特殊性，区别于以往设计考量，设计团队需要考虑的设计边界也无限宽，我们需要清晰地了解品牌符号的映射节点，为此设计小组整理了潮流盛典品牌符号映射全局图。

TMALL COLLECTION 天猫双11全球潮流盛典 2018

潮流盛典 品牌符号全局映射图

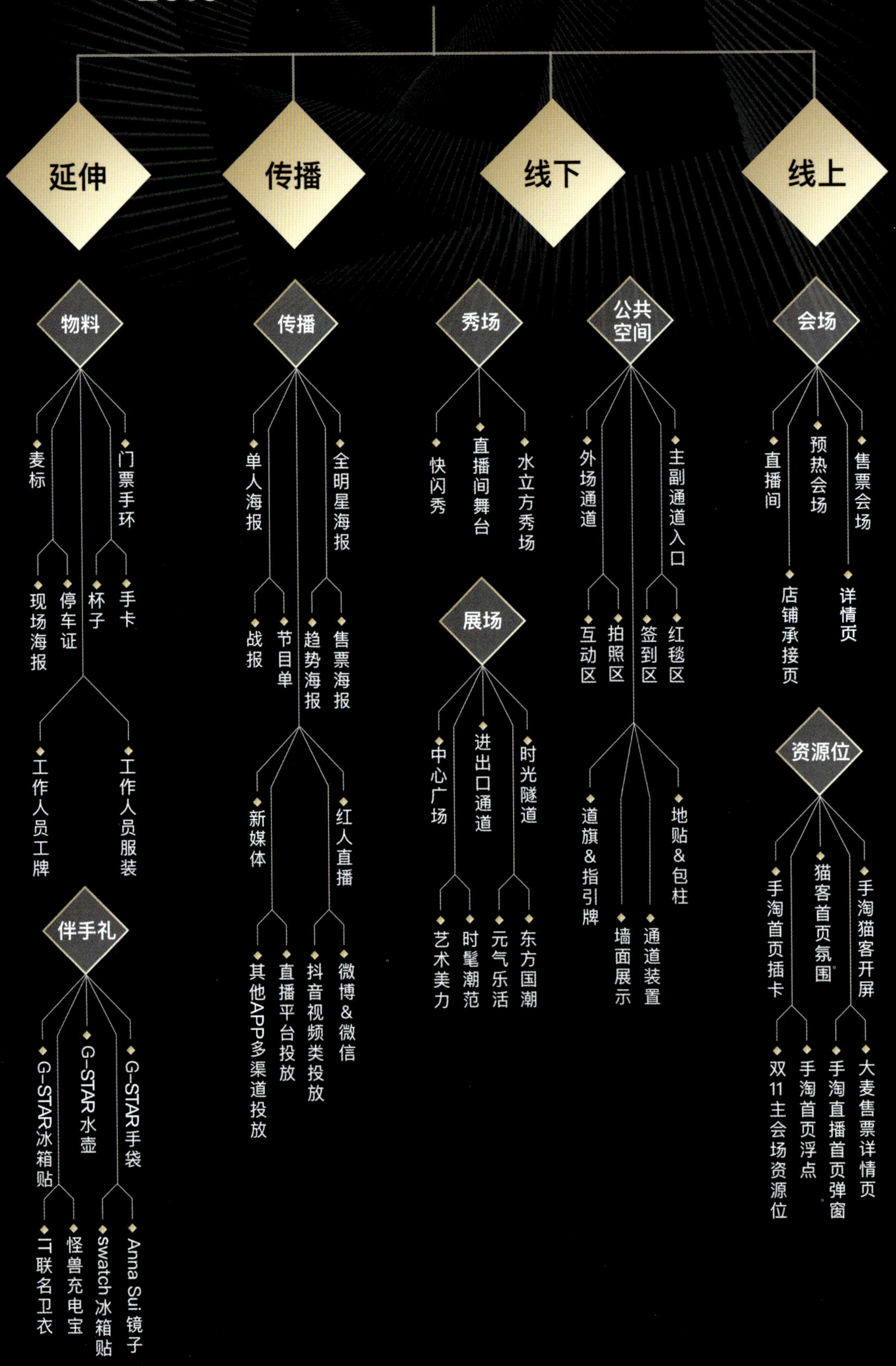

TMC
TMALL COLLECTION
天猫双11全球潮流盛典

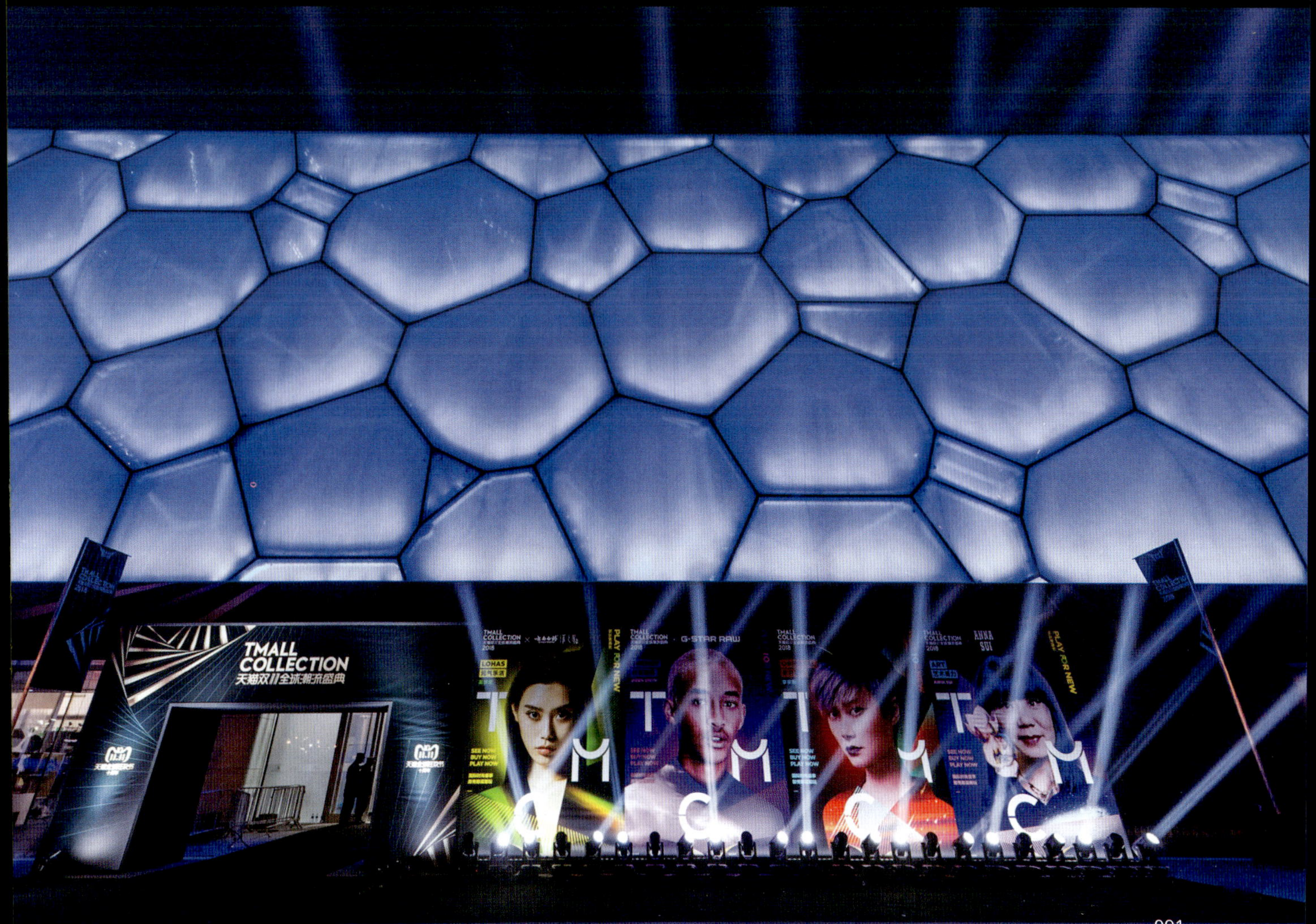
TMALL COLLECTION
天猫双11全球潮流盛典
G-STAR RAW
ANNA SUI
PLAY FOR NEW
SEE NOW BUY NOW PLAY NOW

TMC
TMALL
COLLECTION
天猫双11全球潮流盛典
TMALL
COLLE
天猫双11全
2018

TMALL
COLLECTION
2018

TMALL
COLLECTION
天猫双11全球潮流盛典
2018
TMALL
COLLECTION
天猫双11全球潮流盛典
2018

ORIGINS
Never stop
discovering

TMALL
COLLECTION
天猫双11全球潮流盛典
2018

TMC
Kipling
Superdry®
abercr

中国李宁

Elizabeth Arden
NEW YORK
Elizabeth Arden
NEW YORK

TMC
TMC
Elizabeth Arden

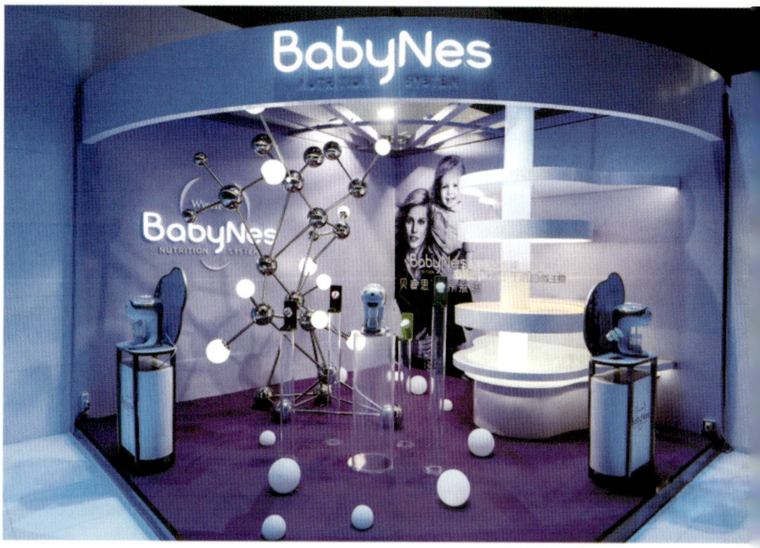
BabyNes
BabyNes
NUTRITION SYSTEM

LA MER

RADO
SWITZERLAND
RADO

ANNA SUI
SALLY
MARION
ANNA SUI

10 for 10
10th ANNIVERSARY
天猫双11十周年·特别呈现
SEE NOW
BUY NOW
PLAY NOW
国际时尚盛事
即秀即买即玩
2018.10.20 17:00
全球同步直播
YOUKU 优酷
TMALL COLLECTION
天猫双11全球潮流盛典
2018
天猫精灵
TMALL GENIE
天猫 潮流盛典
特约合作
ESTEE LAUDER
雅诗兰黛
swatch
瑞士斯沃琪表
指定合作
G-STAR RAW
SEBASTIAN
ghd
evian
11.11

ORIENTAL
东方国潮
PLAY FOR NEW
玩出新精彩
SEE NOW
BUY NOW
PLAY NOW
2018.10.20 17:00
全球同步直播
TMALL
COLLECTION
天猫双11全球潮流盛典
2018
kate spade
NEW YORK
ESTĒE LAUDER
雅诗兰黛
swatch
打开手机淘宝，直播摇摇
赢1111元红包

TRENDY
时髦潮范
PLAY FOR NEW
玩出新精彩
SEE NOW
BUY NOW
PLAY NOW
2018.10.20 17:00
全球同步直播
TMALL
COLLECTION
天猫双11全球潮流盛典
2018
Ω
OMEGA
ESTĒE LAUDER
雅诗兰黛
swatch
打开手机淘宝，直播摇摇
赢1111元红包

ART
艺术美力
PLAY FOR NEW
玩出新精彩
SEE NOW
BUY NOW
PLAY NOW
2018.10.20 17:00
全球同步直播
TMALL
COLLECTION
天猫双11全球潮流盛典
2018
MILANI
ESTĒE LAUDER
雅诗兰黛
swatch
打开手机淘宝，直播摇摇
赢1111元红包

LOHAS
元气乐活
PLAY FOR NEW
玩出新精彩
ESTĒE
LAUDER
Advanced
Night Repair
Synchronized
Recovery Complex II
Complexe de réparation
synchronisée II
SEE NOW
BUY NOW
PLAY NOW
2018.10.20 17:00
全球同步直播
TMALL
COLLECTION
天猫双11全球潮流盛典
2018
ESTĒE LAUDER
雅诗兰黛
swatch
打开手机淘宝，直播摇摇
赢1111元红包

HOT FAVOURITES

–

爆款清单

天猫爆款清单作为双11购物指南，承载着优质好物的推荐作用，让消费者聚焦在核心货品上。
在品牌表达上以“聚焦”为关键线索展开，用“圆环”作为主要视觉语言。
在设计上引导消费者聚焦双11爆款，与其建立强烈的心智连接。

INTERACTION

–

双11互动

让用户上瘾，给予互动应有的厚度

互动营销是引导式的线性营销产品，以一定门槛的权益分发为手段，玩法具有趣味性、传播性，潜移默化地完成品牌传达和商业诉求，具有强氛围、强心智、强转化的特点。

十年双11，互动也走到这个特殊节点，互动价值越发凸显，在双11里的角色职能也更加细分化。

- 活跃用户：CC病毒传播 / 持续回访
- 用户召回：前站互动用户召回，转化成购买用户
- 锁定消费：智能人群红包分发策略，透过权益锁定用户

在赋予互动更多功能的同时，互动依然贯穿着双11全时间段，整个造势期一预热期一正式期长达23天，互动的目标聚焦在流量引入/揭幕开启、强势爆发/流量分发、用户召回三个阶段。2018年互动子项目包含：揭幕动画、双11主互动、理想之城、切红包！

回顾2017年，互动数据效果暴露出纯粹的利益点，已不足以驱动消费者长期活跃，可归纳体现在以下三个方面：

- 疲软期明显（呈凹形），流量维持难
- 用户体感弱
- 用户召回率低

2018年，在互动狂欢范围扩散到阿里26个BU（业务单元）和新零售业态的背景下，必须寻找新的驱动力，以内容为核心进行不断创新，持续地吸引和活跃用户。
2018年，互动面临的设计挑战和核心命题也正是：
“持续23天，如何提升用户互动体感，让用户上瘾！”

我们采取的设计策略是“构建轻度游戏化场景，从人性层面进行用户驱动力多维升级，让用户上瘾”。相当于回归并打穿用户人性的本质层面，驱动因子从权益赏酬上升到自我赏酬（白帽机制——进步与成就感、黑帽机制——损失和逃避心）和社交赏酬（认同、竞争），给互动安装上瘾发动机，基于人性驱动设计一个让人上瘾的长线任务机制！

以上的策略也充分贯穿在“双11合伙人主互动”和“互动狂欢城”两个互动中，分别透过竞争感/虚荣心和用户强迫症心理驱动用户行为在互动模型中不断进行循环，提升用户互动体感，逐步驱动用户上瘾，成功打造全民参与、口口相传，具有持续热度的话题性互动，实现低活用户召回、双11的持续性造势！

9:41
距11月10日能量兑红包仅 16 天
双11合伙人 组队PK人气
集能量瓜分10亿红包
PK赢能量
10.20-10.31
任务赢能量
11.01-11.09
能量兑红包
入场费-100
战队能量 300
10.31战队能量分到个人
我的能量 550
100能量兑换1元
每日签到
战队挑战
PK人气赢能量
TOP11战队赢清空购物车大奖
中级场奖池
588
入场费：100能量
6
对方人气
14
我方人气
PK倒计时
01 : 59
延禧宫战队
F**y
+4人气
F**y
+4人气
拉人助力

INTERACTION GAME

–

双11合伙人主互动玩法

10.20–10.31
组队PK赢能量

11.01–11.09
组队挑战赢能量

11.01–11.11
能量兑换红包

双11合伙人 组队PK人气
集能量瓜分10亿红包
助力还能拿能量哟~
用手机淘宝或手机天猫扫码
马上分享
天猫双11全球狂欢节
你也会获得能量哟!
为TA助力 >

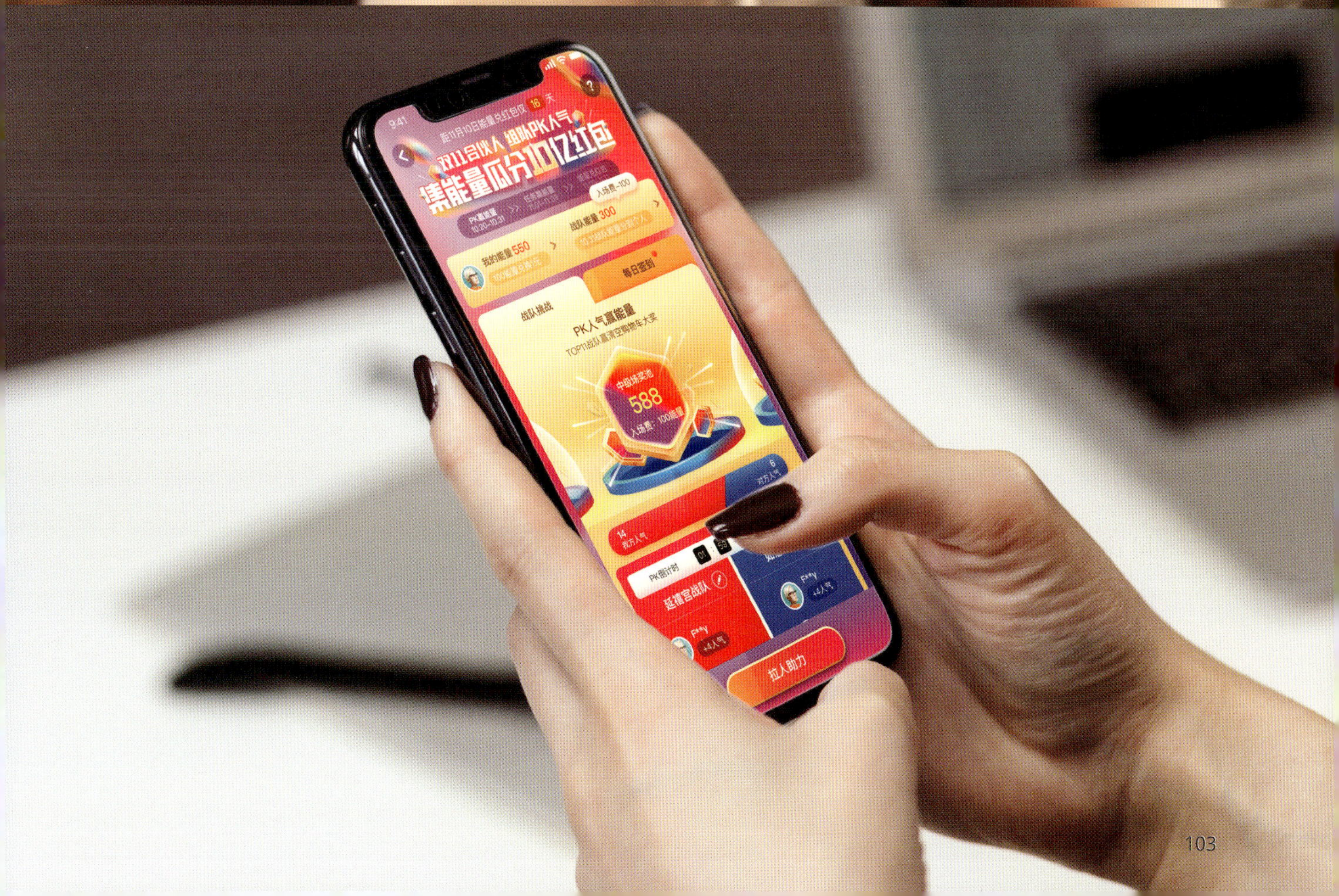
双11合伙人 组队PK人气
集能量瓜分10亿红包
PK人气赢能量
588
拉人助力

10月20日到11月10日，21天的互动周期，考虑到用户的疲劳度，合理地对互动周期进行了分割——两种玩法三个阶段：

第一阶段【组队PK赢能量】

在双11活动开始之初，用户通过激活“双11合伙人”身份后开启的互动玩法。旨在通过易用好玩的游戏吸引用户，降低用户行为成本。通过多变的激励设置激发用户持续互动，最终为此“上瘾”。同时发挥用户的社交性形成从众效应，最终在各大社交平台爆发。

第二阶段【组队挑战赢能量】

这个阶段双11会场的预热期和互动城开始上线，主互动在这个阶段主要通过挑战双11奇迹任务的玩法给参与用户继续带来新鲜感。设计通过创意包装，召回好友以往双11购买过的商品制造传播话题，以用户数据为基础，打造任务体系的互动体感设计。

第三阶段【能量兑红包】

在双11即将来临之际，阿里经济体多业务端通过多种渠道对用户进行召回，进行利益变现后引导用户进行双11消费。历时21天的互动，对参与过互动的用户通过资源位投放、互动游戏的自驱力、C2C的用户传播等设计策略进行召回，共享互动变现的成果。

【组队PK赢能量】

【组队挑战赢能量】

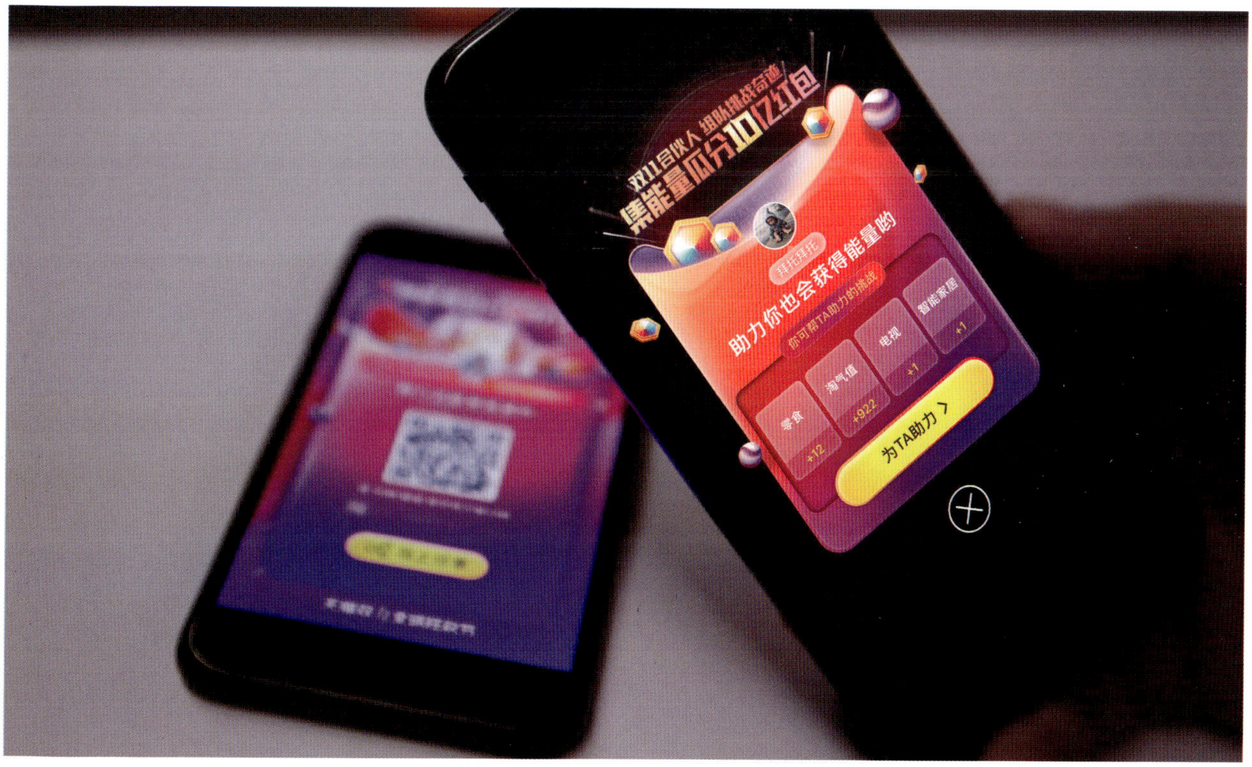

INTERACTION GAME

–

双11合伙人主互动玩法

26个BU联合打造经济体互动

以往双11的互动是淘宝和天猫联合打造的一个互动，2018年，淘宝和天猫联合优酷、UC、高德地图、大润发、银泰百货等26个业务端共同打造阿里经济体“双11合伙人”互动。

10月20日开幕后，经济体业务端启动，通过线上互动场景吸引各端用户参与；新零售11月1日启动，通过线下互动场景唤起用户参与。线上线下，全端打通，统一心智、独立设计，并统一于11月10日—11月11日召回到手机淘宝端进行兑换。

在设计视角下，联动各端打造互动统一心智，更加整体地传达给用户，让各端有充分的互动设计发挥空间，以局部活跃促进大盘繁荣。一起来看一下2018年双11互动总体框架。

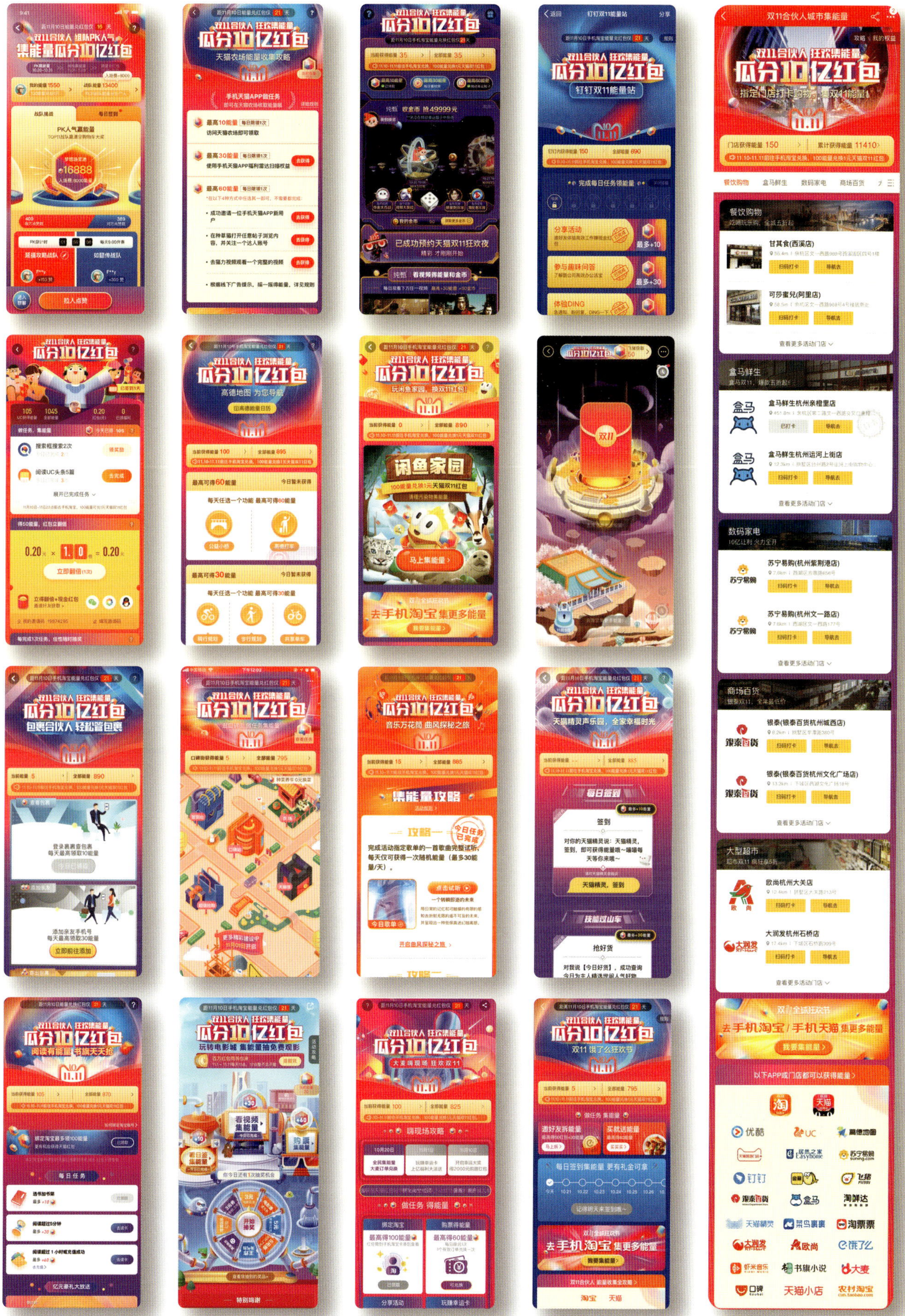
双11合伙人 狂欢集能量
瓜分10亿红包
天猫农场能量收集攻略
钉钉双11能量站
已成功预约天猫双11狂欢夜
闲鱼家园
去手机淘宝 集更多能量
高德地图 为您导航
集能量攻略
双11合伙人城市集能量
指定门店打卡购物，集双11能量！
餐饮购物
盒马鲜生
数码家电
商场百货
大型超市
去手机淘宝 / 手机天猫 集更多能量
我要集能量

FLIGGY INTERACTION

合伙人互动——飞猪环游记

结合自身品牌融入旅行感，打造飞猪特有的大互动。

包含21个目的地的手绘场景长图，融入趣味性彩蛋和情境化动效，
营造沉浸式的互动体感。

TAO PIAO PIAO

–

淘票票主会场&红包雨

此次双11与集团联动，整个活动的主视觉将电影城和能量传达结合为设计理念，每个活动任务的入口在视觉上选择以带有电影元素的建筑为承载物，建筑与建筑之间通过传输管进行能量传递。票票作为淘票票的主角人物，引领小伙伴们一起来传递能量，呈现热情动感的视觉画面。

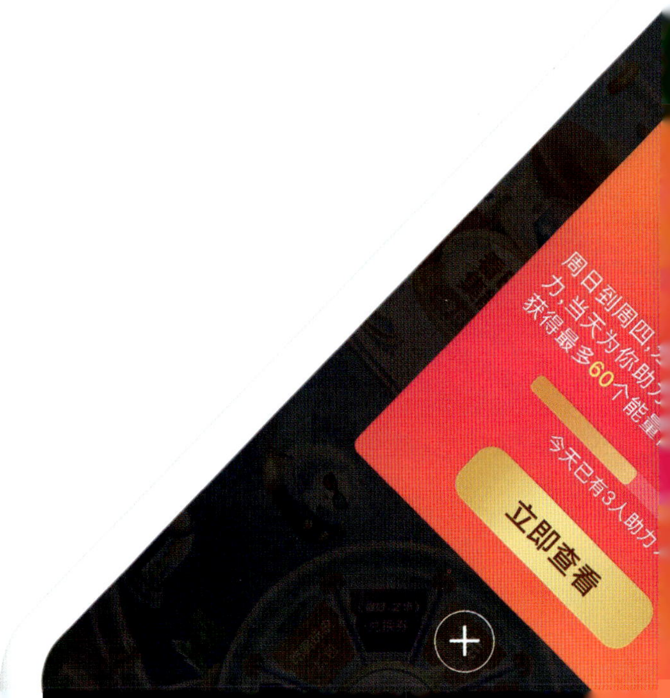

红包雨即将来临
点击抢红包，抢到越多，中奖率越高
距11月10日手机淘宝能量兑红包仅 8 天
双11合伙人 狂欢集能量
瓜分10亿红包
玩转电影城 集能量抽免费观影
距离今天9点场红包雨还有 23 分 15 秒
活动规则
当前能量 1278639
看日签集能量
今日已完成
看视频集能量
今日已完成
拉人助力集能量
今日已完成
收集能量 10月20日-11月9日
100能量兑1元红包 11月10日-11月11日
你还有0次抽奖机会
开始抽奖
3元 电影红包
5元 电影红包
10元 电影红包
再接再厉
吃喝玩乐红包
《你好，之华》兑换券
恭喜中奖了！
奖品可在淘票票-我的-优惠券中查看
淘票票电影兑换券
圈圈换券
有效期至2018.12.31
我的战绩 12个红包
大地影院

INTERACTIVE CARNIVAL

互动狂欢城

往年，“互动狂欢城”的玩法设置得较为简单粗暴：用户进店 — 玩小游戏 — 逛店铺 — 返回狂欢城 — 凑满10个店 — 打开大宝箱 — 再次循环。

回顾前两年的设计总结，取舍了优缺点之后，我们将本次“互动狂欢城”的主题定为“理想之城”，与之对应的是一个贯穿7天的“投资分红”玩法。

2018“互动狂欢城”的核心策略是品牌“投资”分红。简而言之，消费者可以在狂欢城中选择自己喜欢的品牌，为它“投资”。每个品牌都有三个等级，当“投资”满额后，就可以获得一笔品牌现金分红。

通过分红时间和品牌升级进度的控制，将分红时间点限定在了第三、五、七天。

逛狂欢城

如果一味强调“赚取”，对用户而言其实是没有预期的。在今年的互动中，我们首次使用了“理想金”游戏币的概念。每天用户登录时都会获得1万理想金，浏览品牌形象，通过选择界面中固定的品牌建筑，或点击“随意投”按钮进入店铺，进行游戏互动并完成玩法上的投资行为。作为“投资”品牌的媒介，花得越多，最后能分到的钱自然也就越多。

理想金发放　品牌形象设计

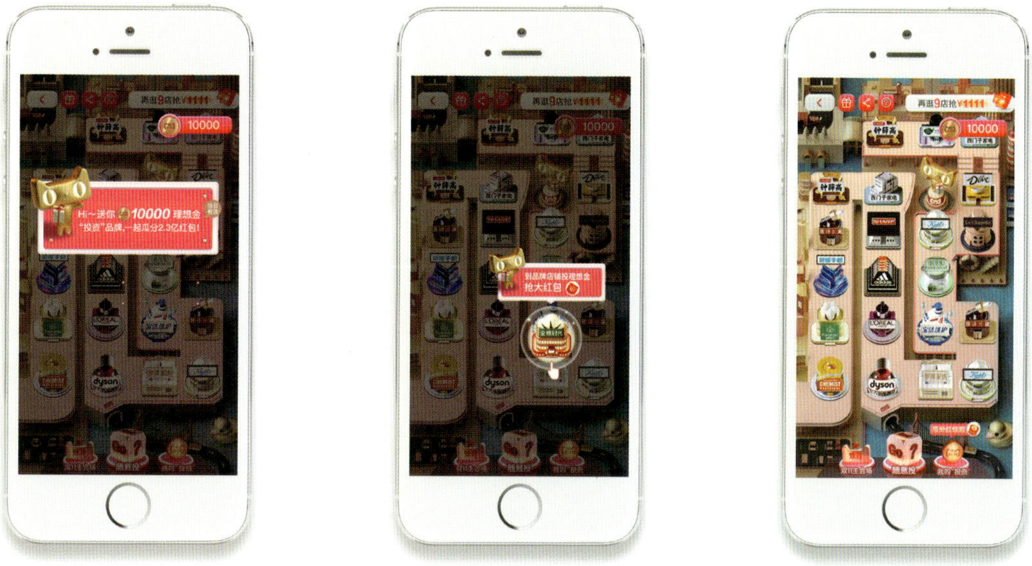

投资品牌

往年的小游戏大多没有情节关联性，虽然简单但也容易让人觉得乏味。今年的互动游戏从创意上就要求必须与“投资分红”、“理想金”概念融合，不能是毫无关联的小游戏。为此，我们从几十个创意中选择了5款小游戏，让整个互动的每个细节都在诠释主题。用户在店铺玩“投资游戏”，向品牌投资还可获得即时权益。

投资小游戏　品牌互动任务

品牌升级

趣味性满足好奇心。目标明确固然是好，但沿途的风景也很重要。在互动中我们也为不同品牌设计了三套建筑风格。品牌集满一定投资后即可升级，并获得分红。

形象/氛围表达　用户感知

趣味道具

我们在游戏中设置了道具卡、明星卡等趣味道具，也可作为调控进度的工具，这为单纯的利益追逐增添了一道情怀的风景线。

形象/氛围表达

分红

情感投入大于时间。在界面设计中，我们时刻提醒用户当前剩余的理想金数量和消耗情况，也在细节处处提醒用户什么时候可以参与分红。

在11月的3日、5日和7日晚上22点整，升级的品牌会为用户进行现金分红。

合适的玩法加上准确的刺激点，最终完成了本次互动的设计。从结果上来看，三个核心指标都有了较为显著的提升。每天用户数相较去年明显填补了中后期的疲软，用户访问天数也有了提升，以及进店转化的效果更是有了显著的增长。

定时召回　　权益发放

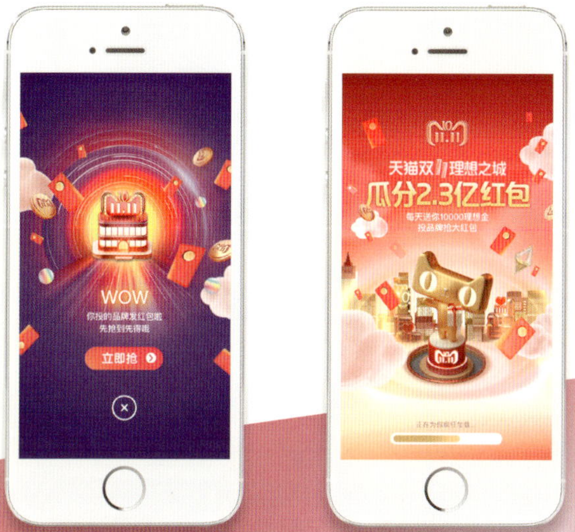

体验升级

EXPERIEN
UPGRAD

CE
NG

MEDIA PLAN AND SYST

投放&会场导购系统

最近几年，互联网整体流量红利逐渐放缓甚至消失，全网流量增速创历年新低，整个互联网环境都在为流量问题而费尽心机。平台一部分流量来源依赖广告投放，互联网广告媒介侧千人投放成本（CPM）不断攀高，但是整体效果却没有本质提升，这最终导致获客成本逐年提升，而成本的增加势必带来商品价格竞争力的下降，最终成为掣肘平台发展的重要原因。

从营销活动这个流量通道来看，这几年以流量调控为主要职能的营销会场导购体系没能幸免于流量枯竭的时代。虽然经过了十余年的双11设计与产品技术的演变与进化，无论是双11主会场抑或是各行业会场，以及各式导购会场，流量运转效率已经到达一个高点。但是从各行各业和商家流量获取的绝对值上我们看到的机会其实并不多。

从外部供给的流量通道看，应用市场的各大主流APP每年的CPM都会有一定幅度上升，数据回流层面不是十分透明和精准。而且相关的媒介渠道异常多样，以往的产品设计创新点并不能在这些媒介渠道获得比较好的支持，在投放素材的设计上也由于价值不确定性而采用全网一致的设计原则来处理。

如何在这样一个谈流量色变的2018年，市场环境如此恶劣的情形下还能保持创意设计的竞争力，成为留给这个连续三年耕耘投放&会场体系的大会场设计团队的命题……

M DESIGN
GLOBAL 2018

DESIGN TARGET

顶层设计目标

对于一个团队，目标的一致性非常关键。而对于一个设计团队，维护目标一致性的道路上却十分惊险。销售可以靠确定一个可推演的确定性目标值来驱动目标达成，并且目标值是以逐年累加形式存在的，没有天花板。但是设计的目标值却有天花板，用会场点击转化率或人均点击次数来衡量会场设计的健康度，最终会面临一个不断接近自然规律的顶点。

所以，要让设计目标成为一个每次双11都可以为之一搏的机会，设计团队必须把目标与业务的目标做一体化梳理，找到设计与业务目标之间的关系，成为业务结果的驱动力。

基于以上的思考，投放&会场导购团队有了以下三个顶层设计目标：

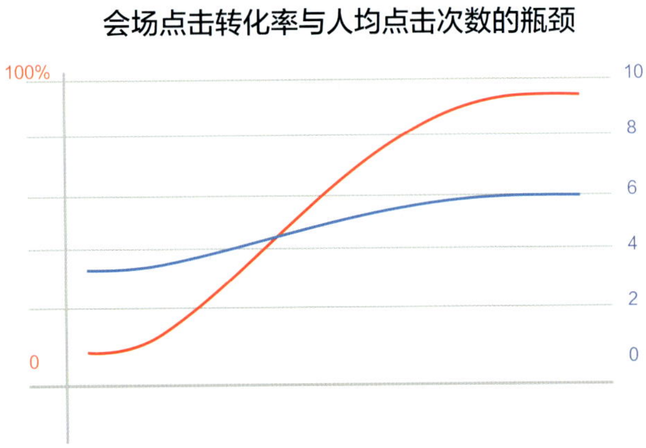

1.基于业务目标的一体化构建系统

2.以全链路视角看待业务问题并探索机会

3.提高数据与技术在设计中的应用价值

9:41 AM
搜索双11好货
全球好货
抢先加购
全球献礼日
抢大牌五折券
规则
攻略
50
万券齐发
抢1111元神券
耐克
满399减50
运动会场
电器会场
数码控
全球消费者挚爱品牌
耐克官方旗舰店
快时尚领跑者
双11晚会
百万豪礼等你瓜分
天猫双11全球狂欢节十周年
全球好货开抢
每400减50
上不封顶
立即前往
知乎
发现更大的世界

STRATEGY

-

会场设计策略1

提高消费者与商品的触达效率

在这个快节奏的时代，没有消费者喜欢在网购时无目的闲逛，快速把商品送到消费者眼前是明智且正确的手法。

我们平台上有上十亿的商品，上千万的商家，但是消费者每天可支配的时间永远只有24小时。

个性化技术的充分运用让消费者体验向前跨了一大步。而设计则可以借助个性化技术作为能力基础，在信息逻辑组织与分人群策略上提供更加多维的探索空间和更丰富的消费体感的接触场景。

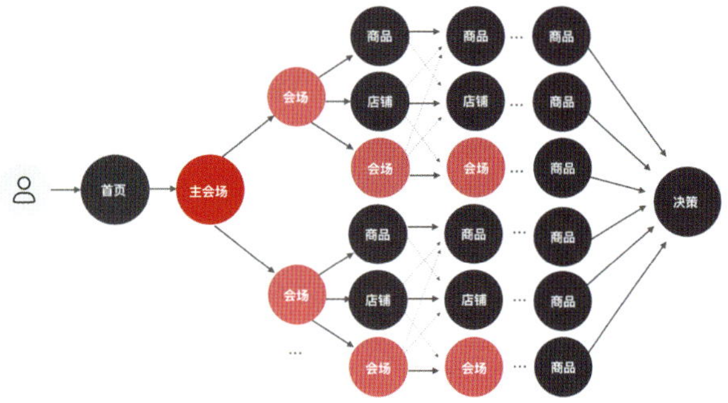

愈趋复杂的导购系统

全局发现导购

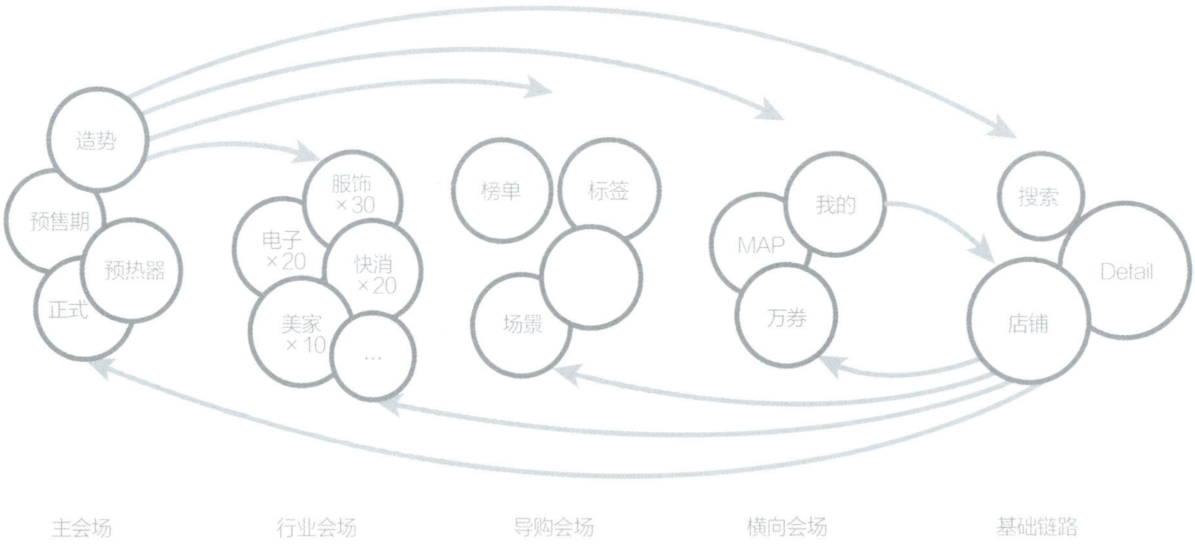

全链路内容高效触达、充分联动，打造增量导购场景

承接能力拓展

接入业务类型

多元业务融合，个性化快速导购

多维心智透传

任意门

消费者体验路径的多种触发机制

STRATEGY

会场设计策略2

运用创意工作流方式
高效打造会场极致的品牌表达

每一年双11主会场的风格设计承载了太多人的期待和目光，是每一位设计师既想尝试又不敢轻易尝试的领域，通常设计师需要花大量时间论证视觉设计对品牌映射的合理性，但从2016年开始的阶段性设计风格规划让设计师的进入门槛下降了很多，也可以让更多人围绕一套视觉规则来产出相对统一的设计方案。但即便如此，每个设计方案确定的时间还是比较长。加上今年双11十周年的特殊性，整体视觉设计难度还是有一定程度增加的。

为了在有限的时间内得到较高质量的设计方案，会场团队针对前期的工作流模式重新进行了一次升级，让工作流能够足以支持双11会场这样的大体量设计工作。我们把整个设计工作分为4个工序，分别为项目对接、创意提案、执行前任务分解、规模化运用。

工序的分解意图在于让专业的人做专业的事情，当专业的设计师做完该工序，需求自动流转到下一道工序，这样每一道工序的设计师，都能在自己的工序中做最好的专业输出。解决了以往一个设计师既要沟通创意，又要做设计方案，还要做配套的各种素材的问题。这种传统手工业的运作方式是非常低效的。得益于天猫双11具有一定体量的设计工作，创意工作流在其中的运用效果非常明显，设计质量和设计效率得到较大的提升。

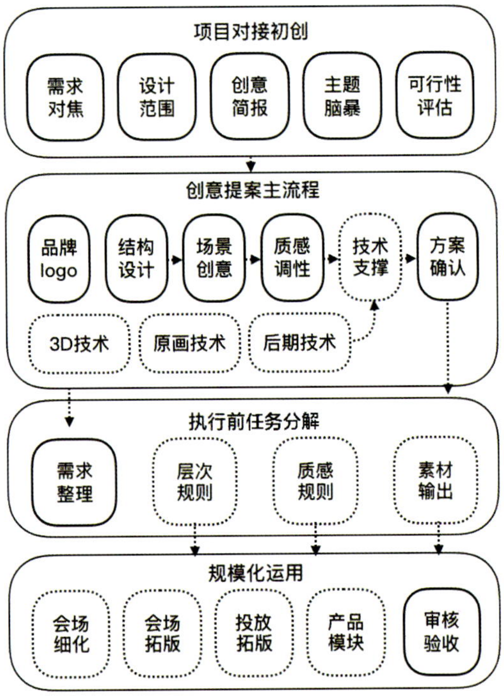

创意工作流模型

1.线稿阶段

2.模型设计

3.模型渲染

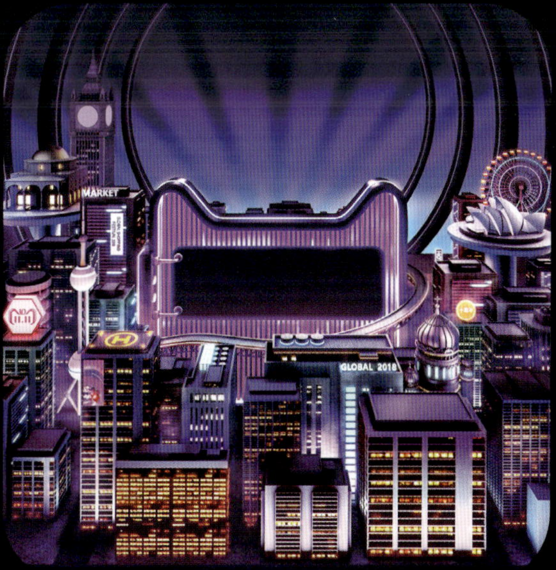

4.后期优化

2018年是第十个天猫双11，天猫联合商家为消费者提供了一系列增值权益，从11月1日预热开始的每一天都有一个意义非凡的事件来回馈消费者。比如超值的天猫精灵+万能遥控套装活动当天仅售89元，还有很多商品采用定制包装的方式来庆祝双11。在会场风格设计上我们希望将这些权益通过我们的理解和创意表达，更好地传达给消费者，让消费者记住双11十周年这一历史时刻。

明星直播

狂欢城红包

明星密令红包

以旧换新

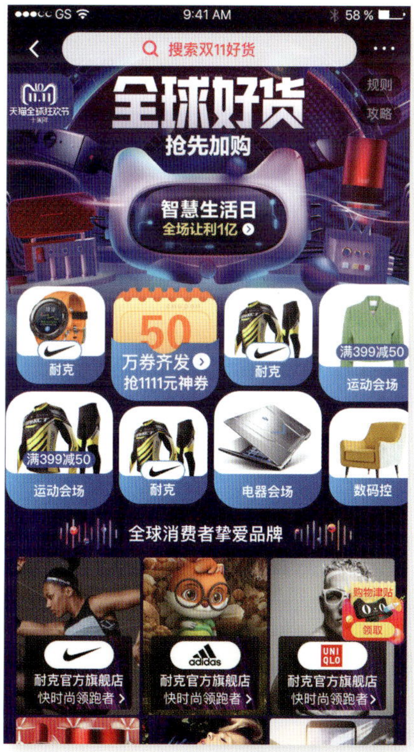

天猫精灵日

88会员日

双11晚会

STRATEGY

投放设计策略1

基于人群个性化的渠道差异化投放创新

如绪言中所讲，市场大环境流量变少，流量变贵，如果还是按照传统的投放思路、传统的CPC转化漏斗公式模型来衡量今天的投放效果，那一定是一个不断萎缩的市场。我们需要在整体流量增速放缓的当下，提供一个能够弥补疲软业态的全新增长极，那就是提高对流量的利用效率。

从严格意义上讲，2018年以前的双11投放策略可以概括为“一张素材、通投全网”。这是非常集约化的广告投放思路，如今无论在传统媒介还是互联网媒介领域，大部分的广告主和机构都还是以这种方式来消耗市场费用的。

另一方面，市场上不断涌现以不同人群划分、不同功能划分的应用，呈现一个个精彩的用户群体，比如抖音、网易云音乐、黄油相机等特色领域，聚集着一群群个性鲜明的消费者，而我们的目标就是让天猫双11的内容能适应不同应用渠道消费者的沟通语言和认知习惯，让投放广告看起来不那么像广告，以提高差异化渠道下的消费者沟通效率。

渠道差异化第一步，消费者画像研究

如今“泛90后”及“95后”逐渐成为消费主体，其消费意识、消费习惯都与上一代人有天壤之别，欲投其所好必究其根本。所以，我们从多维度对目前主流的媒介做了消费者定位研究，形成了一个可以持续维护、升级的系统分析方法。

渠道分析：投放渠道——用户画像——场景特征——行业匹配——品类击穿——文案&视觉承接。

大部分的渠道有自己所对应的相对特性的人群，我们挖掘渠道的特有属性，针对不同渠道的特性，与有类似属性的行业货品和人群话术进行匹配。

其次，通过深入行业，筛选出主推款/传播款/引流款的货品，通过不同品类、不同特性的尖货，对应至人群特性明显的渠道端，实现更加精准的引流。

投放定制：针对不同渠道进行不同创意风格的定制、货品内容的定制、消费者沟通话术的定制。同时又要兼顾设计效率，达到同系列同结构，场景内容创意匹配不同渠道，差异化定制文案和商品。

知乎投放

网易云音乐投放

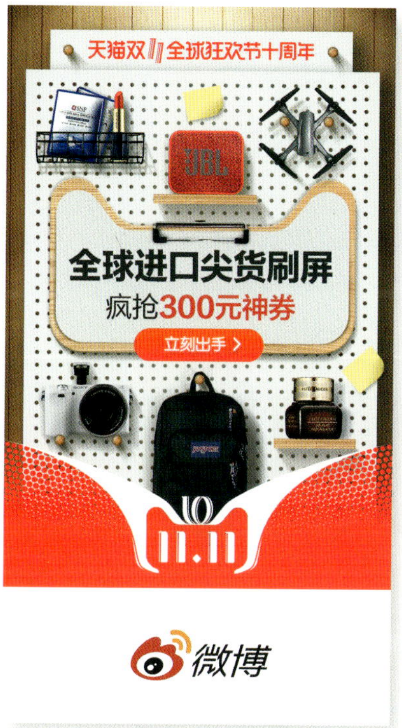

微博投放

今日头条投放

亲宝宝投放

抖音投放

STRATEGY

-

投放设计策略2

多维互动形态的设计创新

经过这几年的设计发展，双11在手机淘宝首页展示的入口图从二维平面到近几年火热的三维立体，视觉的表现形式不断追求繁复与精细，设计师在视觉呈现上投入的精力越来越多，业务也越来越依赖视觉展现以获取更多的转化效果。这是不是唯一的解题途径？追求视觉效果是不是如今设计师最重要的事情？

如果把一个投放素材拆开来看，可以看到几个维度的内容：①构成骨骼；②样式皮肤；③商品文案；④动态效果。但是往往我们的设计重点都在样式皮肤的设计上，对其他维度的设计不够重视。所以，很多时候会局限在做一张皮肤的工作上。

如果从四个维度去看一个设计，就会有全新的启发。为什么不能从时间的概念上去尝试一下动态效果？商品的吸引力和文案的吸引力是不是达标？左图右文还是左文右图的转化率比较高？

一个新的创意必须在实践中得到验证，在这次的设计尝试上不仅仅停留在视觉表现层，而是更深入到信息传达层面，对商品与文案做优化干预并尝试更加有效的动态展示效果（在画面中文字动态轮播以透出更多信息内容），使得素材可以在有限的空间展示有厚度的内容，而且动态效果更容易吸引目光。结合商品动态个性化展现和文案动态展示，让创意设计能够真正驱动业务结果的达成。

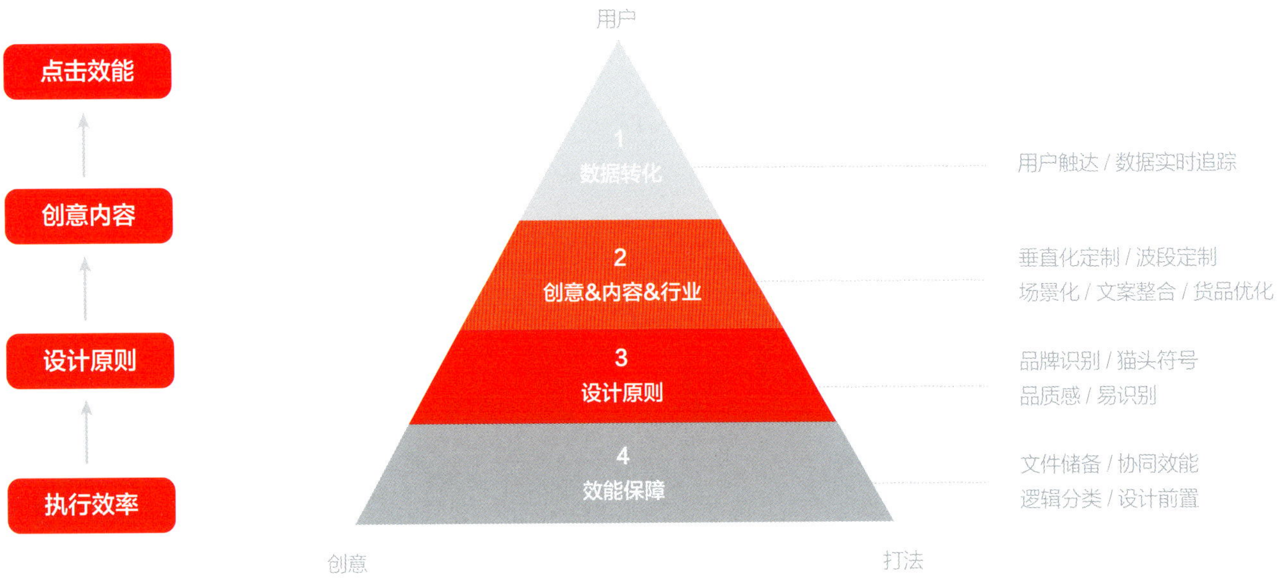

投放设计策略分层

简单的设计同样可以获得不俗的转化效果

SMART DESIGN

-

智能化设计

在这一次双11大促中，智能UI在多个场景进行了小规模应用，累计新增千万次的点击数。在淘宝标签会场，我们准备了50多套UI方案，通过算法将各个UI方案匹配到最适合的用户，不同喜好的用户就会看到不同的UI方案，有的利益点比较明显，有的商品图比较大，有的则是清爽简洁的白底图……事实证明应用了智能UI，整体的点击率提升了11%。

智能UI不仅可以提升用户的浏览体验，提升业务收益，还能将设计师的UI方案变得可衡量，不再是主观感受，凭经验判断，而是用数据说话。

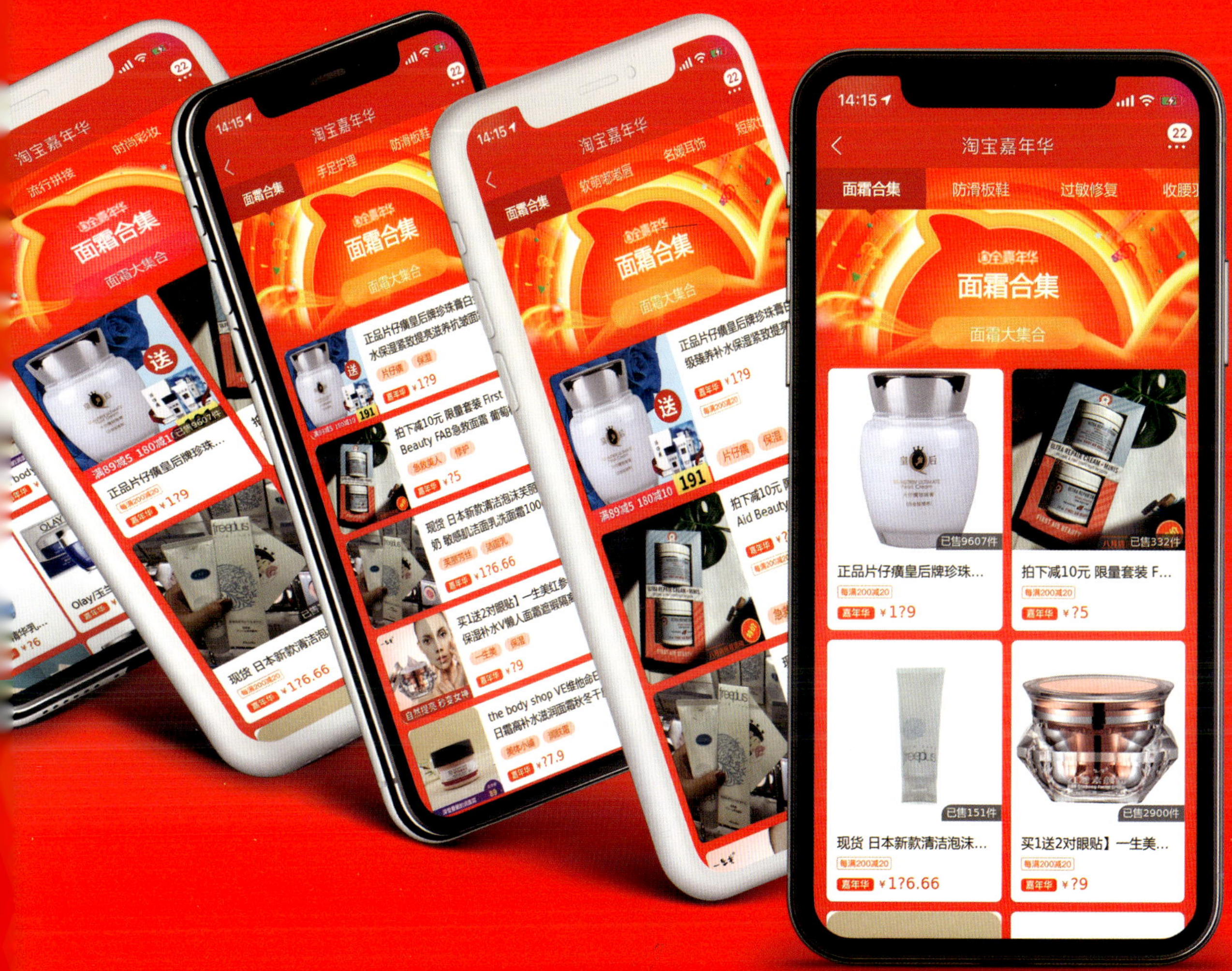
14:15
淘宝嘉年华
面霜合集
防滑板鞋
过敏修复
全嘉年华
面霜合集
面霜大集合
已售9607件
正品片仔癀皇后牌珍珠...
嘉年华 ¥1?9
已售332件
拍下减10元 限量套装 F...
嘉年华 ¥?5
已售151件
现货 日本新款清洁泡沫...
嘉年华 ¥1?6.66
已售2900件
买1送2对眼贴】一生美...
嘉年华 ¥?9

智能UI示意图

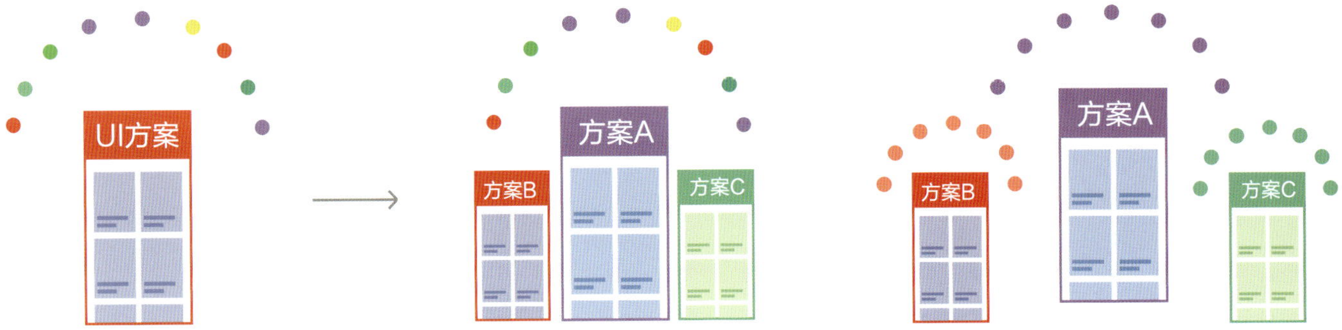

之前
所有人只有一个UI方案

智能UI——动态投放
所有人的最优UI方案

智能UI——智能投放
不同的人适配不同的UI方案

什么是智能UI

智能UI以基于用户体验的分层设计为目标，满足用户对UI界面的个性化需求。比如，大多数老年用户都会出现视力下降的问题，那么图大字大的展示，相对简洁的信息会更适合他们；新用户和老用户的诉求也不同；智能UI核心解决UI方案与不同用户的匹配关系，把最合适的UI方案通过算法匹配给最适合的用户，更好满足不同用户的购物体验。

简单来说，以前是所有用户只能看到一种在线UI方案，这样就很难确保这套UI方案能够让所有用户喜欢。现在，我们希望有多套UI方案同时在线，根据实时数据，监测哪个方案效果最优（点击转换率最高），然后系统动态地将最优的方案匹配给大部分的用户。同时，还会保留小部分流量对其他方案进行持续探索，过程中如果发现其他方案的效果更好，系统又会动态地将大部分用户匹配给这个方案。这种最优方案动态匹配被称为动态投放。

为了让大家有更直观的感受，分享一个案例：同时有4套在线UI方案（分别用橙色、绿色、蓝色、黄色指代），其中橙色方案点击转化率最高，所以系统把大部分流量都给了橙色方案。也就是说，大部分用户看到的都是点击转化率最高的橙色UI方案，同时其他方案也在用小部分流量进行持续探索中。把最多的用户匹配给效果最好的UI方案，能够让流量价值最大化的同时保证大多数用户的最优体验。

什么是UI方案

UI方案就是指我们日常生活中看到的活动会场界面，以及频道栏目界面。可以简单理解成商场店铺的装修和陈列，好的装修和陈列能够提升店铺的整体形象和收益。每年双11都有各式各样的会场界面，但是拆解出来也都是由下面4个元素组合而成的。

素材类型：也就是商品/店铺展示图，有模特街拍、模特棚拍、假模拍、挂拍、折叠拍、平铺拍，等等。

页面结构：有单列、双列、三列，左图右文、左文右图，等等。

字段内容：有短标题/卖点/热点，折扣/服务/红包/优惠券，带按钮/不带按钮，等等。

风格样式：有不同颜色、不同风格、不同设计元素，等等。

任何元素的组合变化就是一套全新的UI方案，不同的UI方案可能适合不同的用户。

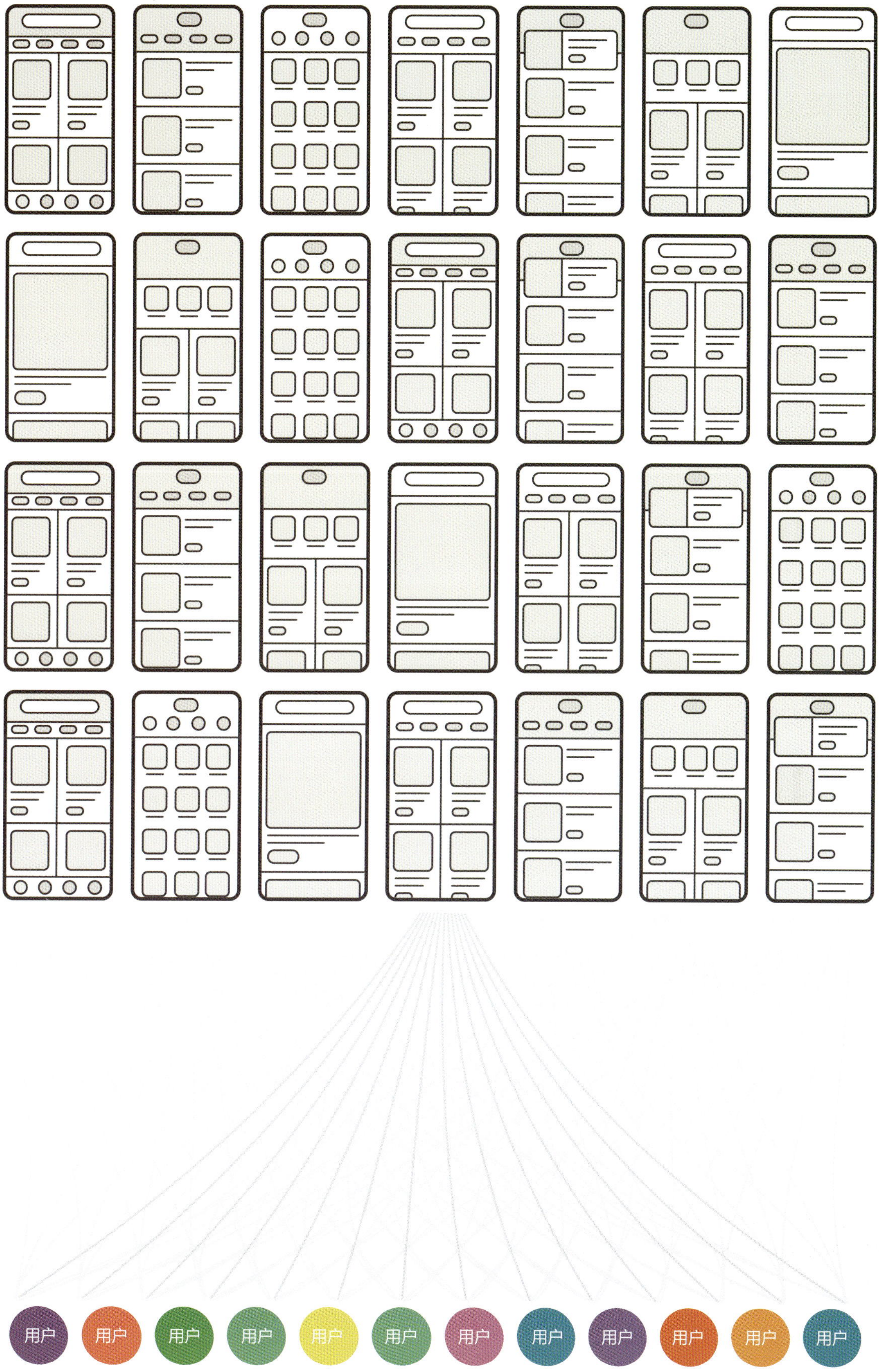
用户
用户
用户
用户
用户
用户
用户
用户
用户
用户
用户
用户

NEW RETAIL

新零售

2018年双11，是新零售的第2个双11，业务体量涵盖12个城市、100个商圈、20万家智慧门店。业务场景包括远场、近场和现场。远场指的是天猫逛逛线上会场，主要以商圈周边3~5公里生活圈为中心；近场指的是距离商圈1公里内外，以天猫理想站为中心；现场指的是品牌专属导购个性化服务和成交转化的场景，以智慧门店为中心。新零售通过远场引流、近场互动、现场核销等，实现了消费者、商圈和门店之间的联动，最终实现了2.7亿次消费者互动，联动50万专属导购进行消费者触达和深度服务，GMV相比去年提升了200%，成为天猫未来发展的全新增长点和机会点。

在这样一个全新的场景下，设计师们超越了自身的设计边界，通过全链路、多触点和多角色等空间设计思维、服务设计思维、体验设计思维以及数据设计思维等，为迎来十周年的双11进行了全域的体验赋能，不仅实现了商业目标，并且沉淀出了可复用的设计工具和方法。

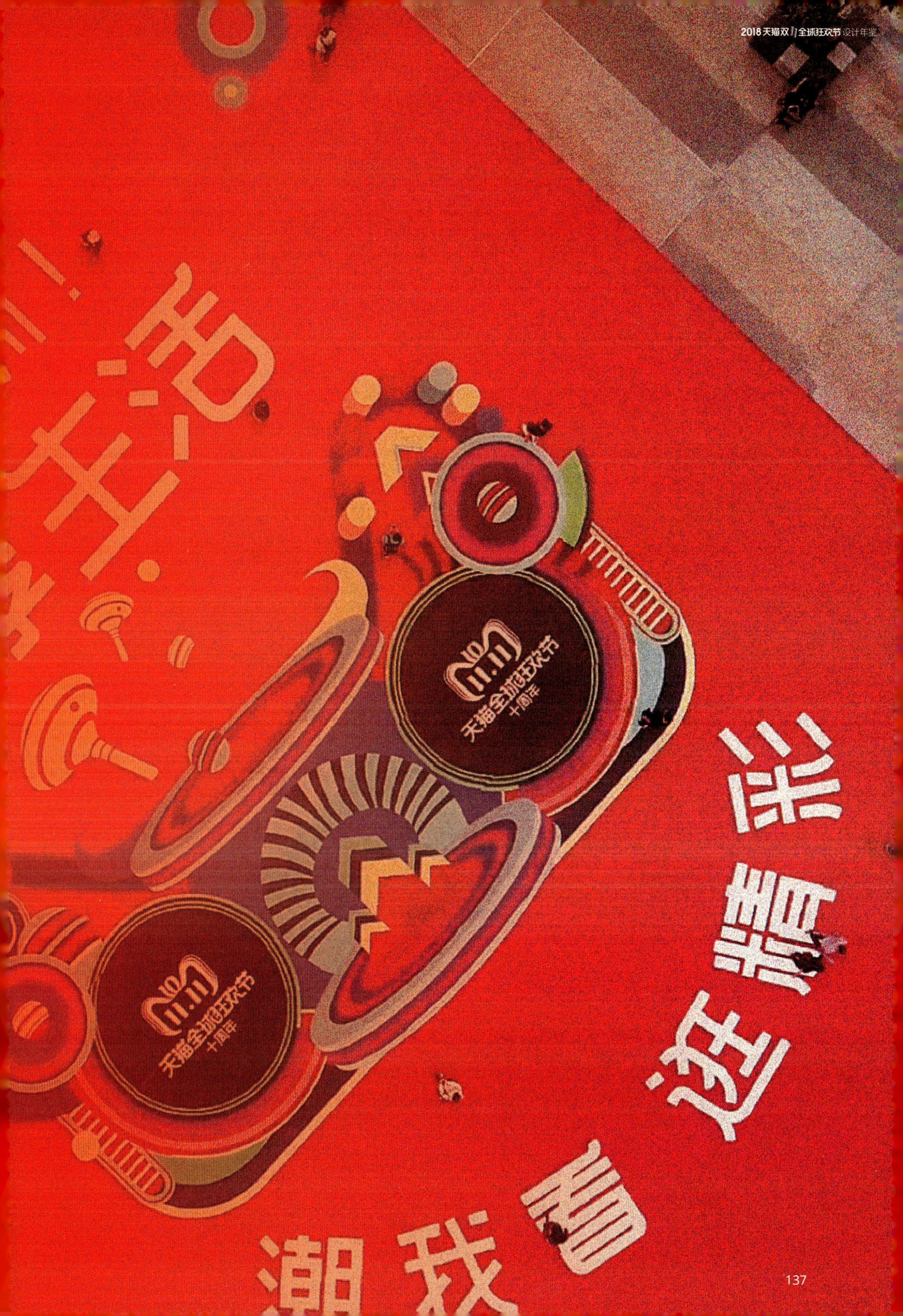
天猫全球狂欢节
十周年
天猫全球狂欢节
十周年
逛精彩

HOME PAGE

新零售会场

双11新零售会场主要承载了两个使命：一、双11线下活动的心智塑造；二、通过权益的分发吸引用户到线下去逛逛逛、买买买。不同于线上的会场，新零售会场的主要目标是通过远场分发权益，将用户吸引到线下商圈和门店。

在商业内容的供给上，新零售目前还无法跟线上海量的内容相比，主要抓手是线下的权益和部分门店商品的上翻。权益主要包括门店的优惠券、有价券，商圈的券包，快闪店的到店礼，以及线下的各种活动信息透传。同时，部分门店商品上翻做预售和门店优享。用户可以线上下单门店发货，也可以直接去门店提前享受双11价格拿走商品。

在这样的背景下，新零售会场的设计重点是，权益的高效分发和线下强体感的塑造。

为了实现第一个目标，通过判断用户所处的地理位置，将场景分为远场、近场、现场。远场主要以商圈或门店周边5公里的生活圈为中心；近场距离商圈或门店1公里左右；现场是指用户已经到达门店。根据不同的场景，会场端在远场和近场对于内容的组织侧重不同。远场版会场的思路是从高效分发到探索发现。首屏流量整合全城维度的门店优惠券，通过算法进行个性化推荐。其次是商圈模块，以商圈维度打包内容。最后是门店卡片的feeds流，每张卡片展示单个门店的内容。近场版会场会更聚焦，基本可以判断用户已经到达商圈，因此在首屏展现“离我最近”的商圈模块，通过券包、商圈门店优惠券加强转化。

在会场氛围的塑造上，通过实景、延时摄影的动态视频等方式进行线下强体感的塑造，与线上的会场形成差异化的表达。

天猫逛逛
门店精选直播
最新门店优惠速递
逛街大礼包
雅诗兰黛快闪店
商场中庭一楼
热卖商品5折起利益点13字内
立即领取
雅诗兰黛小棕瓶试用装
寻宝大作战
抢空商场好货
百元神券限时发
商圈狂欢
城西银泰城
关注频道领优惠

ATMOSPHERE DESIGN ON DOUBLE 11 DAY

-

双11线下氛围&物料

优享大礼 逛出精彩
11.01-11.11
《摇摇摇》 摇手机天猫APP
抢1111元等各类门店优享礼包
11.07-11.11
「扫扫扫」 扫码寻宝
赢最高1111元门店优享金
11.10-11.11
（抢抢抢） 抢千万红包雨
最高1111元大红包准时开抢
手机天猫
《摇摇摇》
抢
1111元
火灾无情
防火先行

在线下大促的大场景下，物料设计上首先要部署点位，在关键的点位上透出合适的内容。其次，要帮助消费者快速了解活动信息，包括活动主题、权益信息、规则引导等内容。因此，在线下纷杂的环境中，如何在合适的地点传递给消费者准确的信息至关重要。为了完成此目标，需要从空间体验的角度出发，探索不同位置、不同距离、不同角度下，物料类型、信息层级对信息传递的影响和识别度。

Step1：根据动线进行点位部署

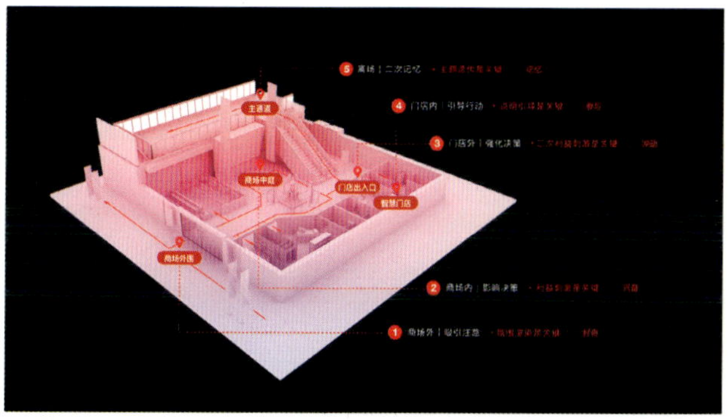

Step2：人的视野决定不同物料的信息层级

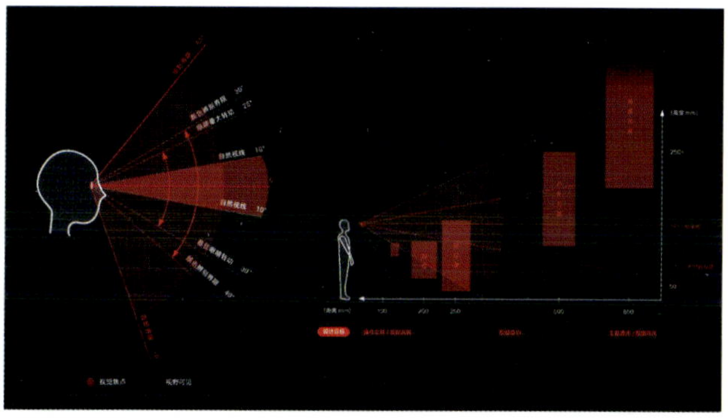

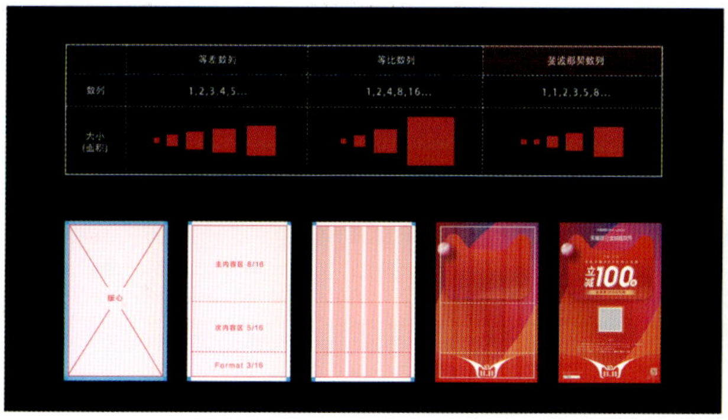

Step3：栅格规范平面排版

Step4：设计线下专用数字字体

OFFLINE DESIGN

双11线下氛围&物料设计

与线上设计不同的是，新零售线下物料，在设计定稿后需要准备相关的源文件和规范下发给合作的品牌和商家，由门店或商圈来完成最终的部署。因此，在设计文件下发后还需要经过供应商拓展物料、回传审核、物料制作、门店/商圈部署等环节最终出街，此过程可以理解为设计的后链路。以往的经验告诉我们，如果对于后链路把控不够，那么将直接影响物料出街的效果。物料常见的问题有：出街时间晚、物料部署位置不够科学影响体验、物料材质不一影响品质、门店导购对于活动不熟悉，等等。2018年双11为了有效解决以上问题，在设计侧我们梳理了完整的SOP，包括物料设计的标准化（命名、编号、平面修改规范），物料制作的标准化（规格、材质、工艺），物料使用的标准化（物料点位、摆放建议），从源头上去把控整体的氛围和品质。

天猫双11全球狂欢节
优享大礼 逛出精彩
立减100元券
全场满800元可用
11.11
精彩 才刚刚开始
Five Plus

本店支持使用
天猫红包
天猫双11全球狂欢节
JQRYA

天猫智慧门店+ hotwind
天猫双11全球狂欢节
优享大礼 逛出精彩
11.01 – 11.11
手机天猫APP扫码入会领
立减50元券
全场满500元可用
活动规则
天猫
11.11

TMALL SHOPPING GIANT MASCOT

–

双11线下氛围——线下喵公仔

喵公仔是天猫的IP，本次双11特地为新零售场景定制了专属的逛街形象，在延续天猫喵公仔的身体比例、造型特征的基础上，加入了标志性的购物袋，并定制了街头休闲的穿着和特有的姿势表情，向用户传递陪你一起逛街的美好心愿。同时结合不同城市的特色，在公仔上加入了不同的城市背景、红包雨等元素，结合扫码领红包等互动玩法吸引用户参与线下双11的狂欢。整体共打造了6个大型喵公仔装置，坐落在北京、上海、广州、杭州、重庆、深圳6个城市的核心商圈。其中，在北京太古里和深圳海港城还部署了一组小型喵公仔装置，吸引众多用户前来体验和拍照。

线下喵公仔二维定稿五视图

线下喵公仔三维效果图

天猫
逛逛
CHIC BUS 奇客巴士
CHICBUS
奇客巴士

TMALL OFFLINE EVENT TREASURE HUNT

-

天猫双11线下互动——寻宝大作战

在双11期间于特定商圈智慧门店透过手机天猫/淘宝/支付宝扫描智慧门店放置的活动海报二维码，即可参与“寻宝大作战”，并有机会抽中1,111元的现金红包，并且每完成3、6、10、12、15个门店打卡后，更有机会开启大额红包宝箱。在核心商圈中也结合定时大屏红包雨和砸金蛋互动玩法，帮助商圈进行人流聚合分发、互动到店转化，打造新零售线下狂欢城!

在玩法设计上采用通用标准化的虚拟商圈地图方案，弱化相对位置信息和楼层概念，快速在全国 113 个商圈进行大规模扩展，在核心商圈中结合定时大屏红包雨和砸金蛋互动玩法，帮助商圈进行人流聚合分发、互动到店转化，打造新零售线下狂欢城!

Tmall
TMALL
TMALL

TMALL POP-UP STORE

-

官方快闪——天猫理想站

天猫理想站，也被称为天猫快闪店，通过到店礼、互动、展示、销售等优质的内容吸引线下商圈客流，为线下商圈共振提供了全新的运营阵地。天猫快闪店最初分为常态快闪和品牌快闪，常态快闪指的是在商圈的多经点位，天猫官方输出标准的门店造型，通过门店“换肤”的方式，适配不同行业及品牌；品牌快闪指的是在商圈的中庭位置，由行业或品牌主导门店造型，平台通过智能硬件和智能互动的方式，通过数据赋能品牌。

北京三里屯官方场

深圳海岸城官方场

天猫理想站设计的核心内容包括：空间、陈列、动线、互动、智能硬件、品牌等维度。不难看出，这些维度已经不再是界面的交互设计，而包括了更加复杂的维度，这些维度都是由不同类型的触点构成的，各个触点之间是相互影响的。譬如，货架位置直接影响用户的动线，也间接影响用户体验的舒适度和门店的停留时长，从而进一步影响用户的购买转化率等。

因此，在这样的场景下，设计师也面临着全新的挑战，设计师们不能仅仅局限于界面的交互体验，更要对线下各个物理触点进行有效的规划，并通过全链路视角发现和解决问题。双11期间，天猫理想站在全国12个核心商圈落地100多场，从2017年业务孵化到现在，共计落地450多场。并且，伴随着天猫理想站的飞速发展，更多的理想站类型被孵化出来，譬如IP化、1+N模式等。这些模式将通过联合生态自有的数字化能力，与生态共同进行联动，以更加全域的方式赋能品牌。

TMALL POP STATION

天猫明星应援站

明星应援业务通过联合品牌、明星、粉丝的方式，借助明星影响力，将明星粉丝向品牌粉丝转化，并最终为品牌实现拉新和销售转化的业务创新。明星应援是通过“借势”进行的从0到1的创新，首次合作的明星是易烊千玺，应援的主题是“18岁成人礼”，应援的城市包括北京、上海、广州、成都4个城市。在双11期间，达成了线上线下超过500万的应援人次，也为品牌带来了超出预期的销售转化。

在明星应援业务中，设计的核心内容包括：应援空间、应援机硬件、互动游戏大屏和拍样机，以及氛围和物料设计等。其中，应援机的设计师面临的挑战最大，包括品牌透出、主题透出、装置设计、外包装设计、互动游戏大屏的玩法设计、派样机的派样逻辑设计等。在应援机的设计过程中，我们遵循了“从远到近”的设计逻辑，譬如在10米距离内，如何让粉丝看到应援的氛围和主题；在5米距离内，如何让粉丝感知到应援站的陈列和装饰；在1米距离内，如何让粉丝流畅地进行硬件的交互操作等。按照这样的设计逻辑，可以有效地将各个维度的内容进行有效的组织，保证粉丝在各个阶段和环节上的应援体验。

常态化的明星应援业务，将粉丝人群数据打包数字化的同时，对精准人群进行数字化运营，为品牌带来持续的拉新和增量，为商圈的客流引导及到店率的提升，不断地提供全新的解决方案。

易烊千玺
JACKSON

STYLE
易烊千玺18岁生日会门
TATIC

易烊千玺
JACKSON
Thank you
应援人次
突破530万
TMALL POP STATION 易烊千玺 应援站

TMALL INTELLIGENT HARDWARE

官方智能硬件设计

智能硬件是新零售场景数字化的全新的解决方案，智能硬件包括官方和生态两种类型，官方智能硬件包括：互动一体机、拍样机等；生态智能硬件包括：试衣镜、云货架、互动游戏大屏等。双11期间，十大智能硬件为天猫理想站、明星应援提供了关键的线下互动触点，为线下流量的数字化提供了数字触点的媒体矩阵。常态化的智能硬件业务，将充分融合行业中已有的硬件生态，通过官方和生态嫁接的方式，将智能互动进行开放，联合生态硬件点位，快速实现规模化。

天猫双11全球狂欢节
LANCÔME

TAI KOO LI HOME PAGE

一号商圈

双11期间，一号商圈项目在北京太古里三里屯落地，一号商圈集合了千万红包雨、天猫理想站、明星应援站、商圈氛围、极致视觉等优质内容，成为了线下智慧商圈的标杆案例。一号商圈的成功试点，也为后续云Mall的业务创新提供关键的验证，为新零售线下场景拓展出了全新的数字化阵地。

一号商圈设计的核心内容包括：空间、氛围、动线、极致视觉、红包雨的互动，以及天猫逛逛造型设计等。其中，千万红包雨的互动玩法是设计的亮点，用户在指定的时间段、指定的位置通过扫码的方式，参与红包雨的瓜分，并获得线上和线下的通用红包。在互动现场，如何有效地引导逛街的人群进行参与是个难点。

因此，我们通过物料透出、主持人播报、网红走秀等方式，实现了线下人流安全、快速的汇集及参与。最终，获得了超出预期的活动效果。

一号商圈项目，有效地验证了场外锁客、近场引流的商业模式。为常态化云Mall的业务拓展奠定了基础。

TMALL WHITE PAPER

新零售体验设计白皮书

新零售体验白皮书，是集合了空间、智能硬件、互动玩法、品牌 & 物料、导购行为等多个维度，紧紧围绕新零售的特征，制定的线下体验的规范和标准。线下是个复杂的场景，包括空间、动线、点位等物理层面的接触点，智能硬件、互动游戏、线上传播等数字层面的接触点，导购、店长、保安等人际层面的接触点等。这些复杂的、交错的接触点，都或多或少、直接或间接地影响着用户体验。如何对这些接触点进行有效的设计，从全链路、多触点和多角色的角度，提升线下整体的服务及体验，便是体验白皮书的初衷。

品牌方

引导品牌方玩转新零售

新零售怎么玩?
阿里能提供什么?
合作之后能达到什么效果?
如何评估效果是否满意?

服务商

提升服务商执行质量

明确执行的标准&规范是什么?
明确官方交互链路是什么?
各维度输出物是什么?
执行SOP是什么?

行业

行业设计提供参考

新零售的落地路径是什么?
新零售的设计维度是什么?
各维度的参考标准是什么?
各维度的呈现方式是什么?

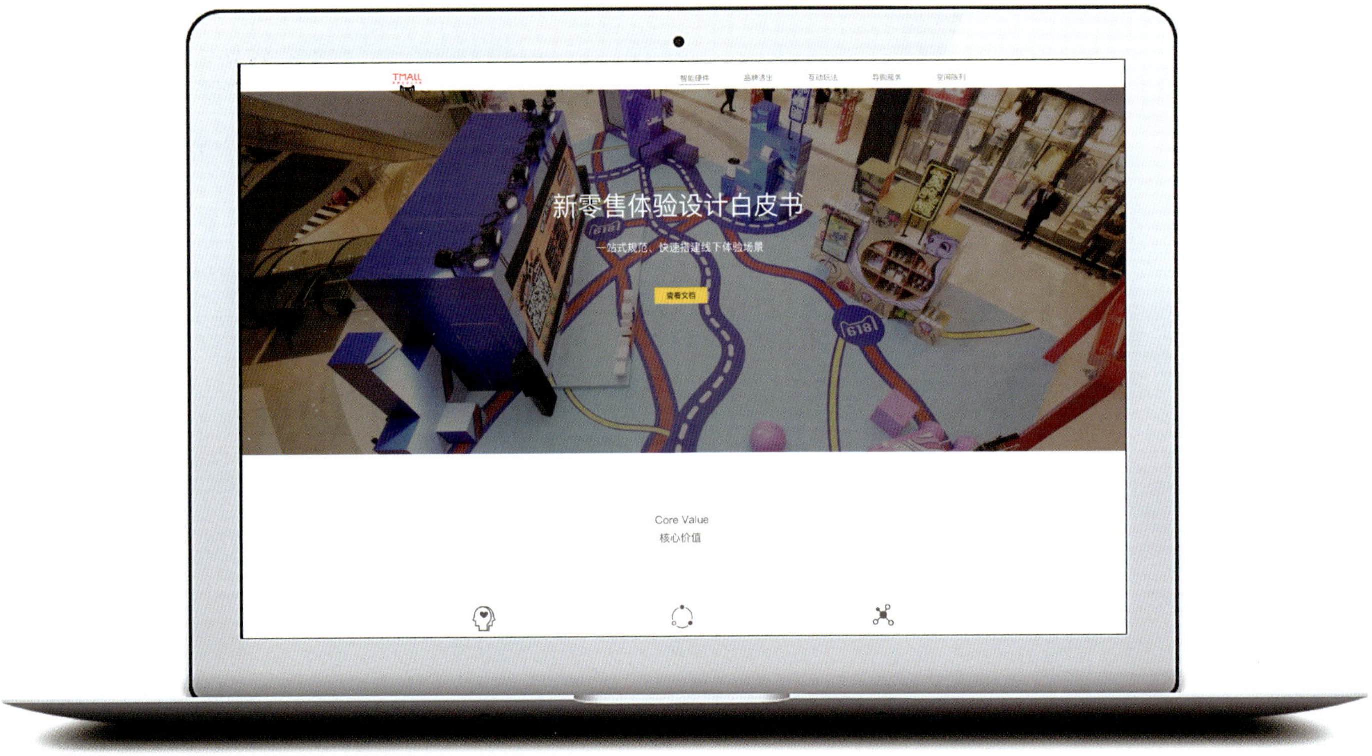

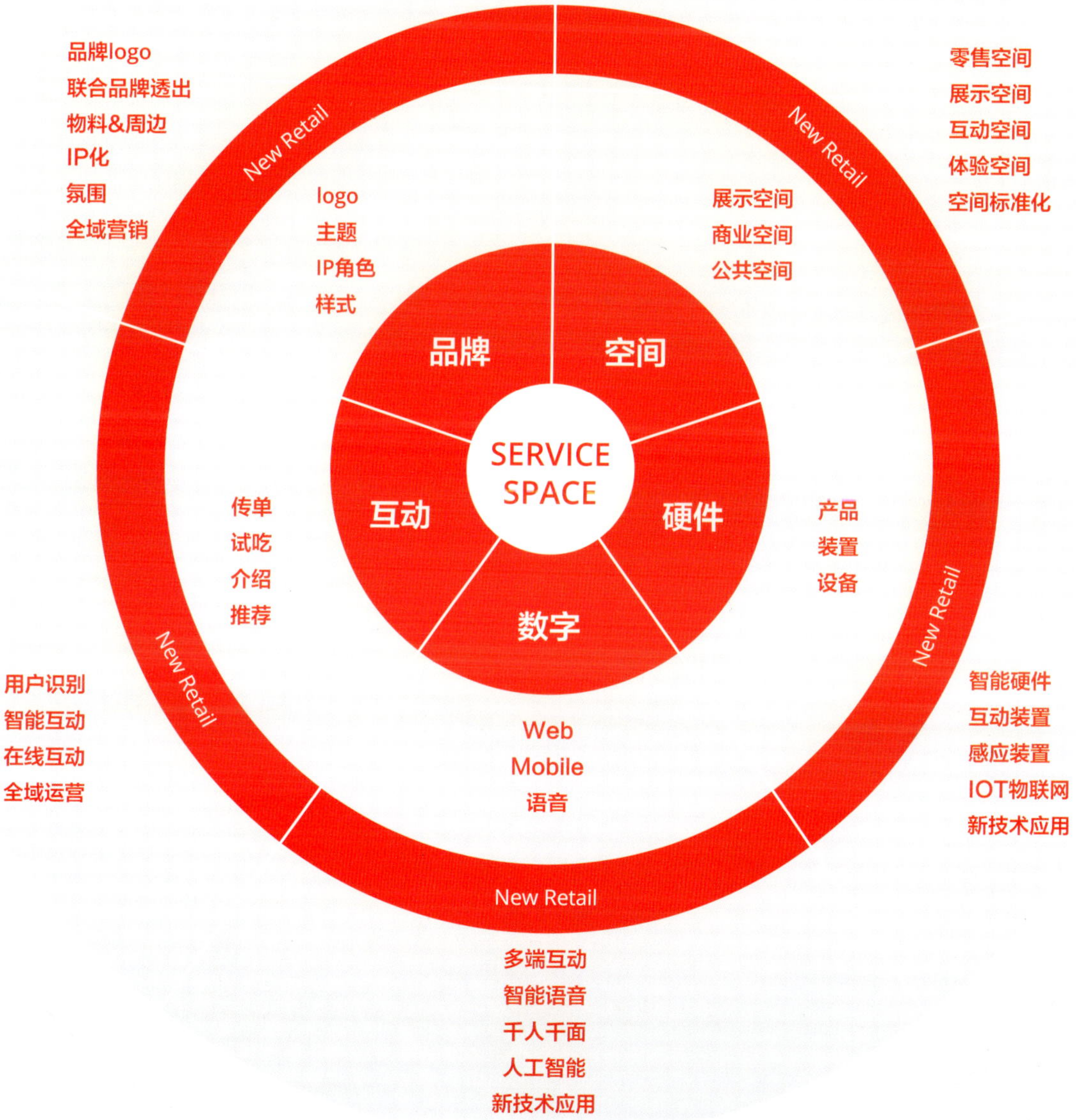
品牌logo
联合品牌透出
物料&周边
IP化
氛围
全域营销
零售空间
展示空间
互动空间
体验空间
空间标准化
New Retail
New Retail
logo
主题
IP角色
样式
展示空间
商业空间
公共空间
品牌
空间
SERVICE
SPACE
互动
硬件
数字
传单
试吃
介绍
推荐
产品
装置
设备
New Retail
New Retail
用户识别
智能互动
在线互动
全域运营
Web
Mobile
语音
智能硬件
互动装置
感应装置
IOT物联网
新技术应用
New Retail
多端互动
智能语音
千人千面
人工智能
新技术应用

天猫双11全球狂欢节
Balabala
11.11

BRAND STREET

天猫优品双11线下活动——品牌大街

BRAND STREET

天猫优品双11线下活动——品牌大街

天猫优品大牌日的双11线下活动新玩法——品牌大街。将集装箱改造为品牌移动体验馆，用霓虹灯管装置包装，将新奇的玩法、新颖的互动、新鲜的视觉呈现形式带到三四线城市用户面前。正如箱体文案所示，生活的美好体验，不远万里，来到你的身边。

品牌大街霓虹灯装置设计

品牌大街集装箱霓虹灯装置

经济联合体

—

ECONOM
ASSOCIAT

C
ION

TMALL GLOBAL

–

天猫国际

国家馆插画

首届中国国际进口博览会（China International Import Expo）联动双11传播同步发声，天猫国际、菜鸟、飞猪等主力参与了此次博览会，天猫国际联合各国大使馆出品国家馆联合海报，通过插画形式表达各国的文化特色。

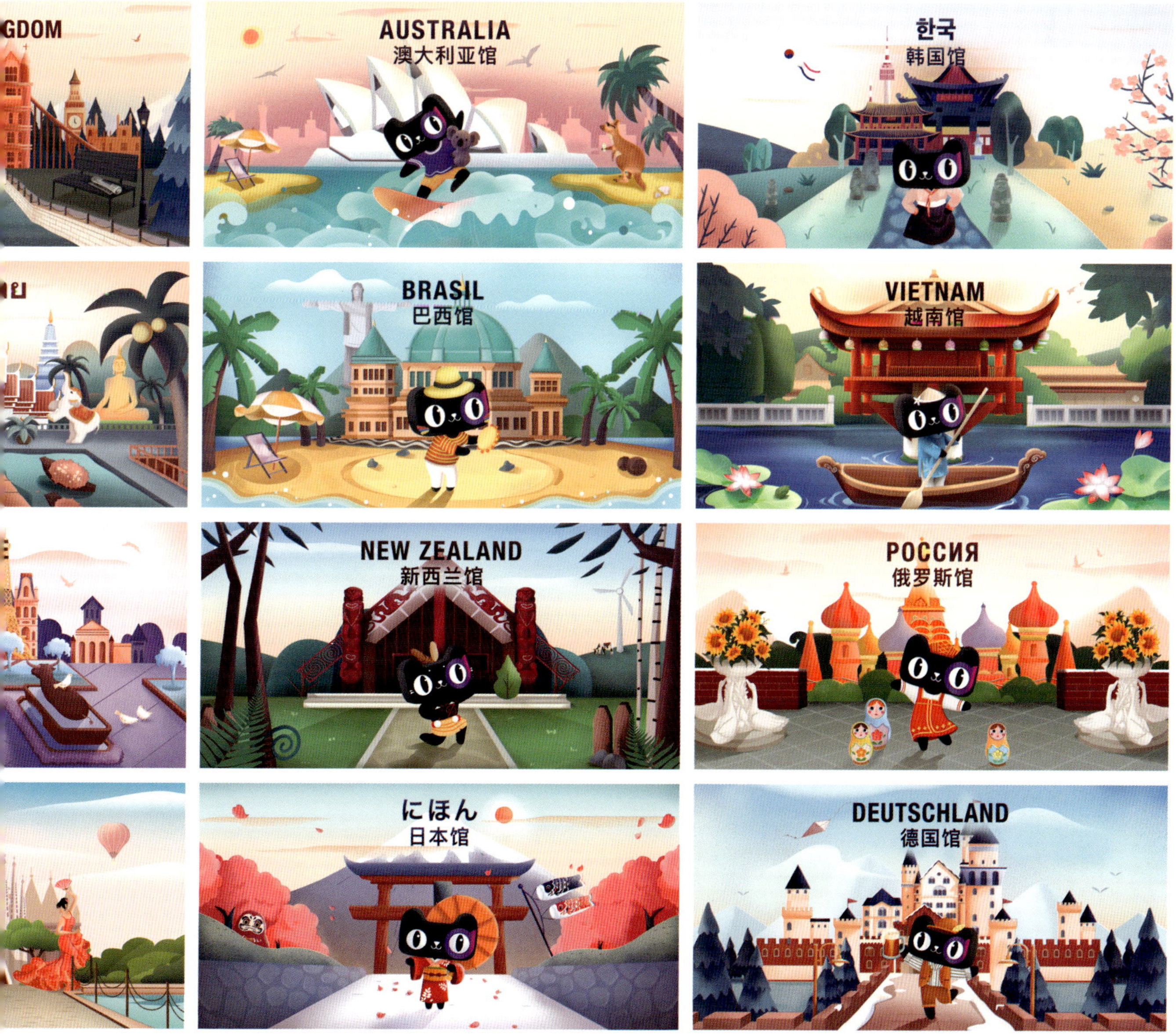

TMALL GLOBAL FEATURED DESIGN

-

天猫国际献礼 特色会场设计

通过对进口商品的场景化表达，在11月1日—11月10日的10天时间里，天猫国际推出了10个不同主题的特色行业会场，10个主题画面的灵感分别来自10部经典的国外电影，每部电影的核心精神与画面的主题相呼应，同时每个页面中也留有对10部电影的致敬彩蛋。

sesderma
RESVERADERM
Liposomal serum
FILORGA

Oh! Baby

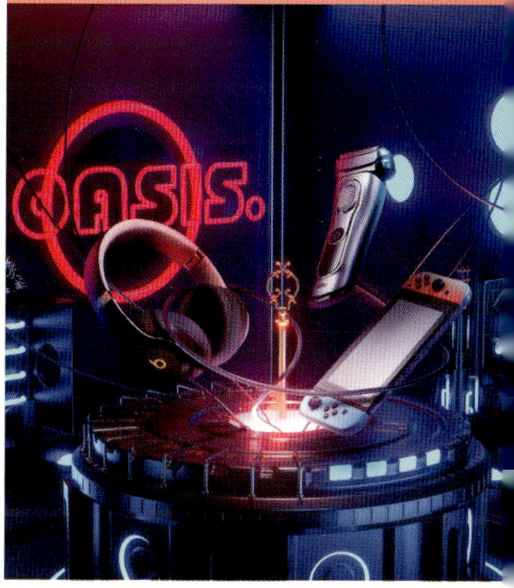
OASIS.

Craisins
50% Less Sugar
フルグラ

SPORT
Swisse
LIVER DETOX
VITAMIN D

viva
ROYAL
QUINOA

Merries

BANK

SPACE RADIO

星动告白互动

按住开始录音
系统需要审核您的告白
只有成功审核之后，才会被送向太空
继续

在双11第10个年头，全球化第5个年头，我们向爱致敬，希望让全世界宠爱消费者，因此策划了全宇宙的告白事件。无论是情侣间的海誓山盟，还是自己当下心境的倾诉，甚至是对任何一个人、任何物种想说的话，在双11当天，在天猫国际官方直营店购买“全宇宙告白权”之后，即可将自己的告白上传到天猫国际告白卫星。并且在2018年12月9日—2019年12月9日期间，每当卫星过顶时，即可听到自己以及全世界人的告白声。

天猫国际
告白星已接收到爱的信号
开始您的告白吧
10S
重录
试听录音
上传
系统需要审核您的告白
只有成功审核之后，才会被送向太空
星动告白
你说天空要有爱
于是就有了
上传告白
每日限量100名
收听告白
正在接收您的告白请等待完成
75%
当前进度
告白上传中...

GIFT PACKAGE

-

星动告白礼盒

本次的告白并非单向互动，在卫星发射后，每当卫星经过你的头顶都能收听到本人发送的告白，使用手机还可搜索收听来自全世界的告白话语。

我们专门定制“卫星”形状的礼盒，里面有宇航猫公仔、明信片、邀请函，快递箱也是专门定制的。而且礼盒非纪念品，是切实可购买的一个商品。另外，消费者购买告白礼盒的所有费用都会用到公益事业中，让极致的仪式感与向爱致敬的主题更加深远长存，将“感恩”精神运用到活动中，并给足告白者回馈感。

TMALL GLOBAL
天猫国际
原装进口全世界
天猫国际
星动告白
SPACE RADIO

TMALL MARKET

-

天猫超市

天猫超市，强化“在乎每件生活小事”的品牌心智，立足消费者体验，以优质商品力与消费者进行沟通的业务策略。

天猫超市承接第十年的双11，向所有的用户感恩致敬，希望不仅在过去十年，未来的日子也是“惊喜才刚刚开始”。因此，联动猫超大牌商家，定制属于天猫超市独家专属的双11节日惊喜装，建立商品竞争壁垒。通过线上营销和线下物料的传播，让用户在每个接触点都能感受到‘天猫超市为你定制惊喜’。

定制美好生活
每日2款抢惊喜
宅家囤零食
YOUTH
天猫双11全球狂欢节·天猫超市
定制美好生活
限时第二件0元
提前嗨 定制尝新
限时第二件0元
定制美好生活
全场买赠礼包
4:21 PM
22%
爆款直降
1元开团拼好货
大牌满减
满199立减50
超值女装
9.9元抢T恤>
女鞋包配
9元抢女鞋>
奶粉纸尿裤
花王L54低至79
初夏焕新
潮流新品8.9元抢
爱家爱美丽
爆款万里挑一>
水果美食
送518份零食>

天猫超市承接双11晚会互动，与天猫国际一起联合赞助终极1,111份大奖。在双11晚会现场和线下围绕主题‘猫超为你定制惊喜’，建立线下话题，与用户互动，扩大传播声量。

设计上，通过混维空间的设计手法，借用二维的视觉空间演绎三维视觉空间，用户在线下就能感受到丰厚的双11好礼。

天猫双11狂欢夜
- 2018 -
TMALL MART 天猫超市
TMALL GLOBAL 天猫国际
CAI NIAO 菜鸟
天猫国际
UNLOCK GLOBAL FUN
天猫超市
TMALL MART

AliExpress™

全球速卖通

AliExpress即全球速卖通，是阿里巴巴旗下面向全球市场的在线交易平台，承载着天猫双11向全球出海的重要使命，双11期间，将货品卖到了全球200多个国家和地区，覆盖英语、俄语、西语、阿拉伯语等13种语言，支持27种货币结算，是全球双11主要的国际战场，面对复杂的业务场景及多变的国际市场，对AliExpress是一次巨大的挑战。

SUB-VENUES

主会场

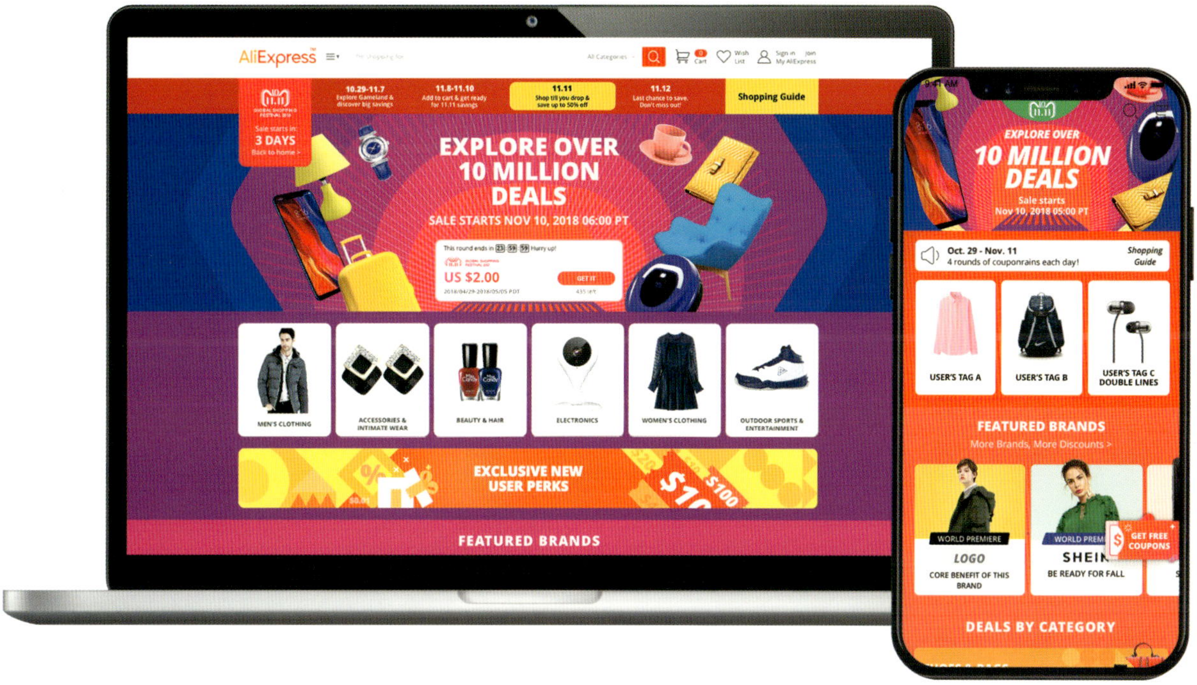

LOCALIZATION

本地化

俄罗斯 / 西班牙

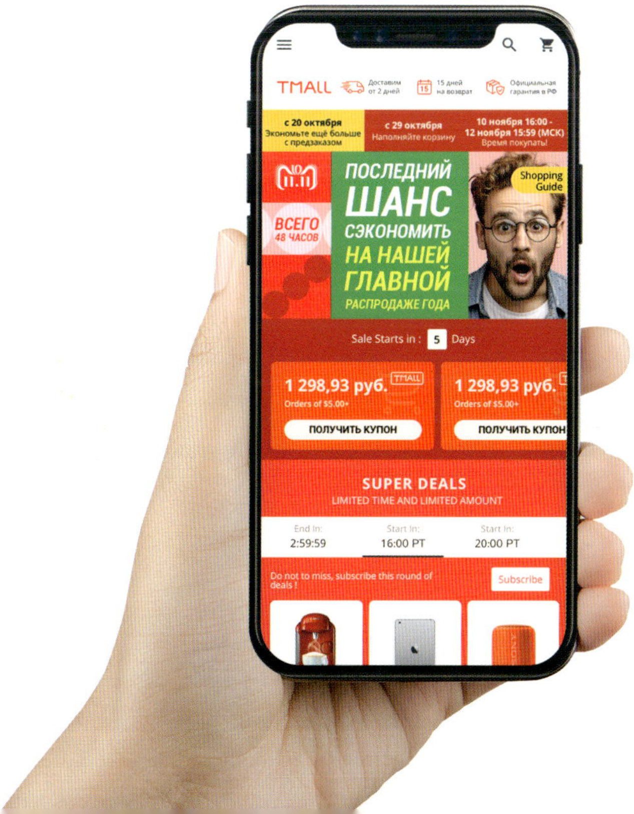

INTERACTION

互动

AliExpress在预热期及正式期分别有品牌狂欢城、卫星红包雨两种玩法。本次狂欢城主题创意为品牌星球，大量的核心品牌商家都有参与，用户可以通过逛品牌星球去每个店铺签到，达到一定签到条件的用户可获得相应的权益。我们与相关政府部门合作，向太空发射了一颗卫星，当卫星划过全球主要市场时，将分时段通过红包雨的方式向用户发放权益。

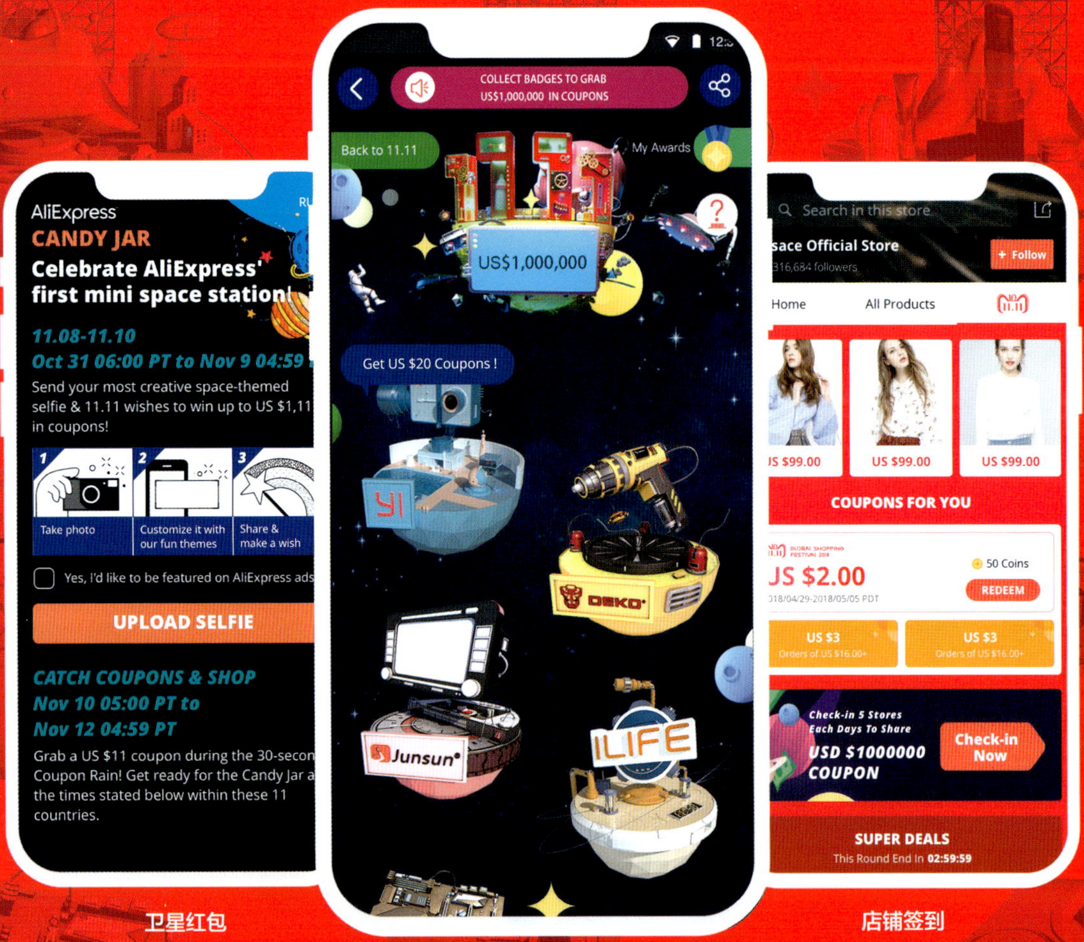

卫星红包　　品牌狂欢城　　店铺签到

OFFLINE PRODUCT DESIGN

线下设计

SOCIAL MEDIA

SNS传播

主会场透传心智，打造越玩越过瘾的旅行体感。

FLIGGY

—

飞猪

北京颐和园
疯抢1111元
出境红包
机票
酒店
火车票
汽车票
门票
出境游
境内游
周边游
邮轮
签证
境外上网
用车
全部
每日福利 双11购物津贴
签到 +1里程
疯抢100,000,000元红包
酒店会场
机票会场
出境游会场
国内游会场

杭州到北海的机票
抽1111元红包
抢8,880,000元红包
酷玩放心飞
机票
酒店
火车票
汽车票
门票
出境游
境内游
周边游
邮轮
签证
境外上网
用车
全部
每日福利
签到 +1里程
瓜分10亿
机票会场
出境游会场
酒店会场
国内游会场

三亚丽思卡尔顿酒店
双11境外玩乐
抽1111元红包
一路玩 一路HIGH
我
要
去
旅
行
机票
酒店
火车票
汽车票
门票
出境游
境内游
周边游
邮轮
签证
境外上网
用车
全部
每日福利 双11购物津贴
签到 +2里程
瓜分10亿
酒店会场
机票会场
出境游会场
国内游会场

三亚的当地玩乐
双11特价
机票0点开抢
狂买嗨抢2000万元
付尾款 再送200元
机票
酒店
火车票
汽车票
门票
出境游
境内游
周边游
邮轮
签证
境外上网
用车
全部
每日福利 双11购物津贴
签到 +1里程
能量换红包
酒店会场
机票会场
出境游会场
国内游会场

ALIMAMA

-

阿里妈妈

打造“时光舱”购物之旅

此次互动玩法围绕电视和手机端跨屏进行，整体构思围绕双11“十年时光穿梭”衍生出“时光舱”的创意概念。在移动端打造一个颇具未来感、智能化的购物穿梭之旅。整体界面主要由互动区和商业区组成，绑定电视综艺来串联四大互动游戏，用户分时段在主界面实时切换不同玩法。

跨屏互动

–

品牌设计

在浩瀚星空里搭建科技感舱体，在场景结构、操作控件、光影氛围上增强消费者乘坐时光穿梭的代入感；利用科技重金属、发光条、智能操作界面、零件细节等元素来强化用户的场景通感。由此用户可以更具体感地参与各难度等级的挑战项目，赢取权益，同时深切感受双11的十年时光之旅。

ETAO

-

一淘

11.11
天猫全球狂欢节
十周年
一淘
GLOBAL SHOPPING FESTIVAL
2018.11.11 / 10TH

品牌设计策略+会场设计

此次双11提出“省 · 美 · 观”的概念。
省：一淘核心心智；美：对未来美好生活的期许；观：本次主打年轻用户群体，表达一种观点、张扬一种态度。

从情境、内容、风格上讲一个故事，围绕“观点”提取出“书”的概念元素，品牌视觉落地到全局应用，全面表达一淘核心心智，同时兼顾阿里巴巴集团对于“开启美好生活”的主张。

情感化营销，更立体地传递大促的感受。

固定会场结构，便于产品化，提高效率。

升级会场模块：将不同的模块组件灵活变化组合，突出不同会场的优质内容，提供更精准的个性化商品透出。

会场版头内容化升级：一、通过大画幅视频的展现方式带来沉浸式体验，并融入单品和活动利益点，点击直接进入承接页实现版头功能化。二、滑动切换视频内容，达到会场多个模块的联动，让首屏承载更多的内容。

10.20-10.31 预售阶段

发散观点、放射

11.01-11.10 预热阶段

思想碰撞、对立、镜像

11.11 正式阶段

观点升华、聚焦、绽放

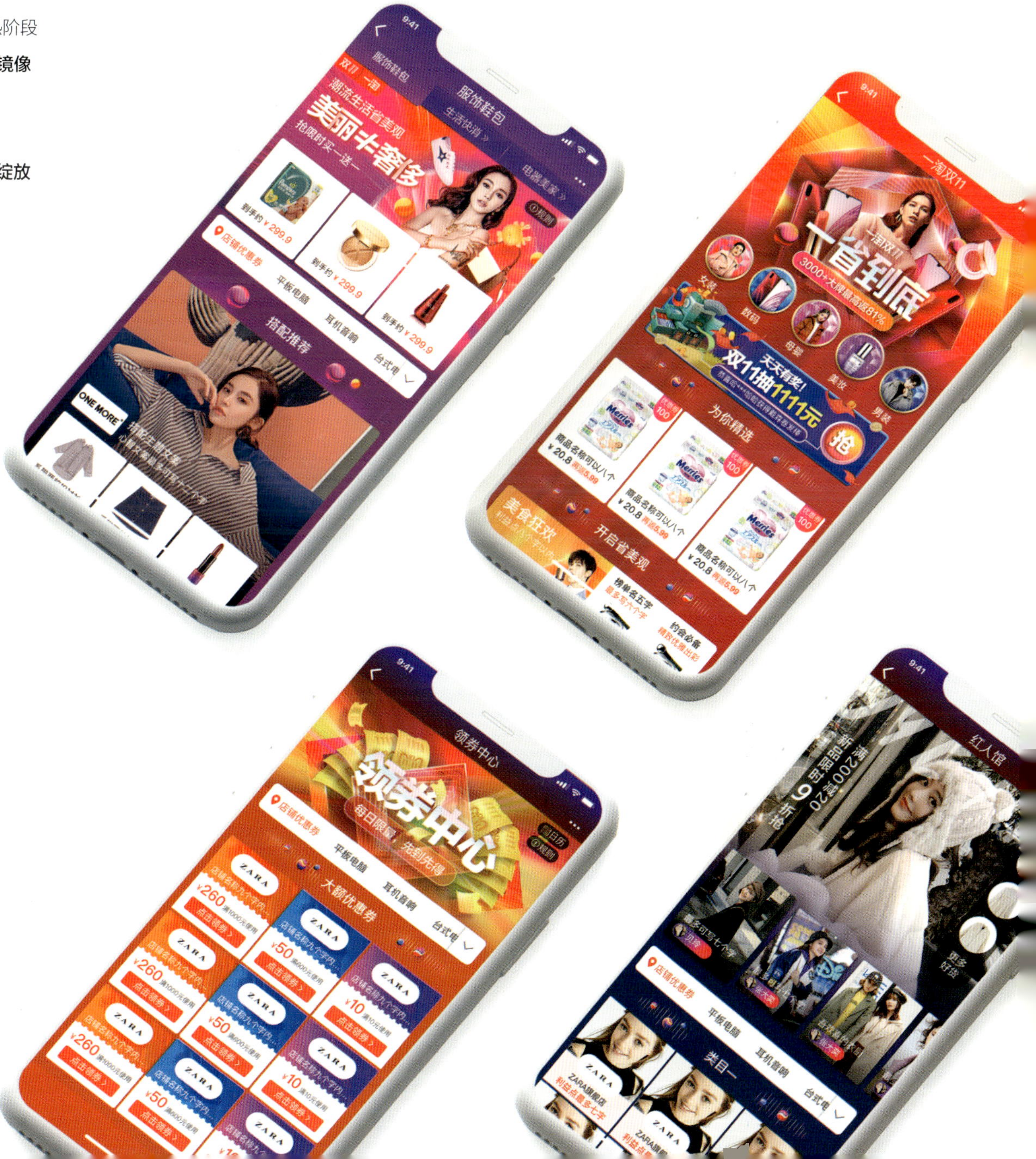

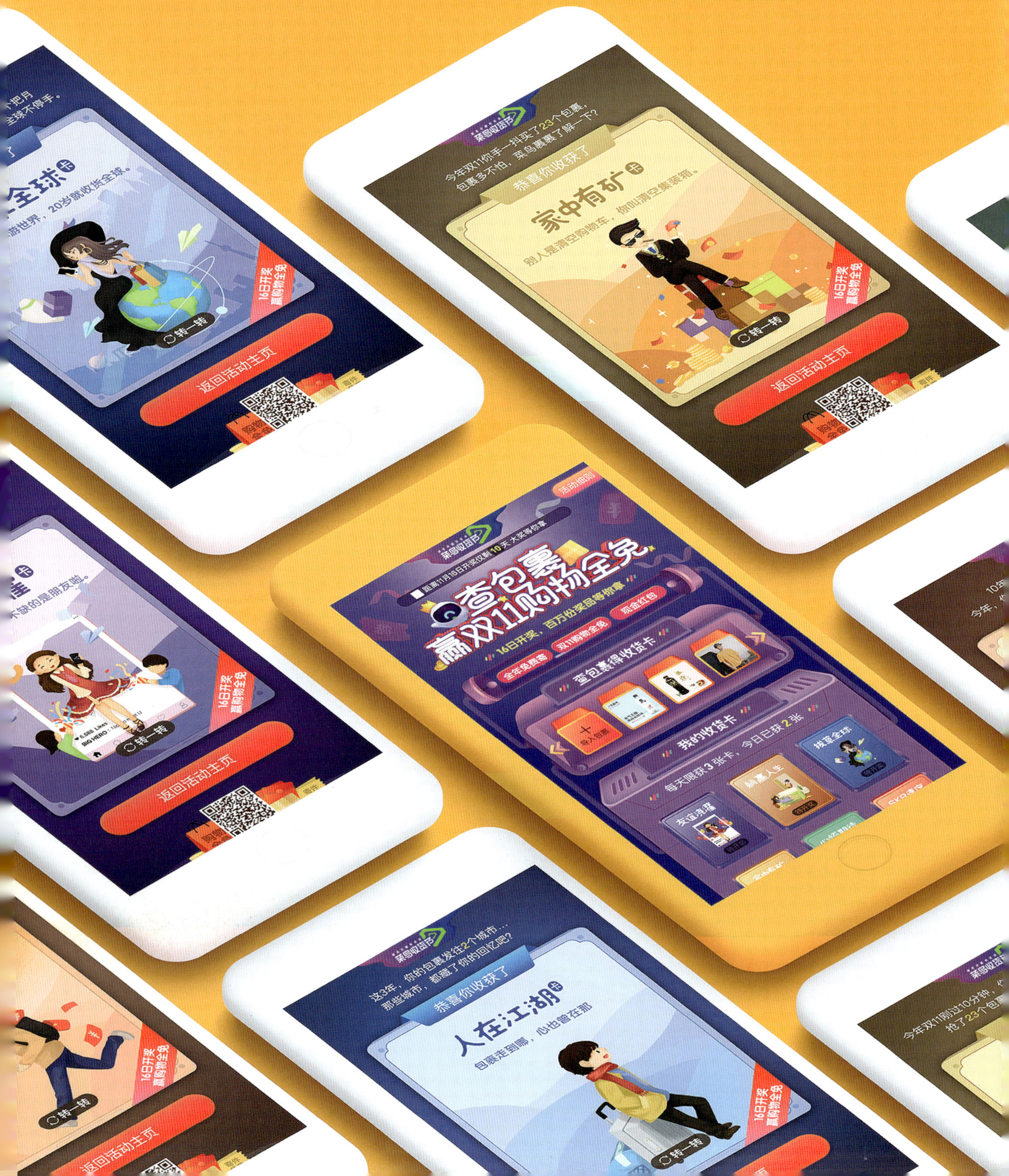
今年双11你手一抖买了23个包裹，
包裹多不怕，菜鸟裹裹了解一下？
恭喜你收获了
家中有矿
别人是清空购物车，你叫清空集装箱。
转一转
16日开奖
赢购物全免
返回活动主页
活动细则
查包裹
赢双11购物全免
16日开奖，百万份奖品等你拿
全年免费寄
双11购物全免
现金红包
查包裹得收货卡
我的收货卡
每天限获3张卡，今日已获2张
这3年，你的包裹发往2个城市…
那些城市，都藏了你的回忆吧？
恭喜你收获了
人在江湖
包裹走到哪，心也曾在那

CAINIAO

—

菜鸟

天猫双11十周年了，菜鸟裹裹迎来第五个双11，本次活动与驿站、星计划等合力打造菜鸟首个品牌互动节日“菜鸟收货节”，围绕用户与包裹快递员之间的关联数据收集独特的卡片达成分享，在11月16日当天每一张卡片都可以抽奖，提升菜鸟品牌认知度和好感度。

也是在这次活动中，裹裹DAU（日活跃用户数量）突破1,000万，在快应用领域也达到了前所未有的高度，开启了新的征程。

CO-BRANDING POSTER

–

品牌联合海报

2018年是天猫双11的第十年，也是第一次联合22个阿里经济体一同发布联合海报。

菜鸟以“越收货，越有收获”为主题，以“从仓到家”的整体物流链路为故事主线，表达看似遥远，有了菜鸟实则很近的创意概念，将画面一分为二，以俯视的角度来最终呈现。除此以外，今年还统一了数据披露的呈现方案。

有了菜鸟的参与和助力，精彩才刚刚开始。

九江路
新世界城
16-20 出口 EXIT
1 2 8 号线 Line 1,2,8
CAI NIAO 菜鸟 × 天猫 精彩 才刚刚开始
越收货 越有收获
11.11
天猫全球狂欢节
十周年
CAI NIAO 菜鸟
天猫

CAINIAO POST

-

菜鸟驿站——“驿”表心意

互动卡
我是蓝天花园菜鸟驿站小二，我想对我们小区的一个妹子说：妹子你每天都有这么多包裹，为什么每次来拿只拿一个？每次还看到我脸红？双十一包裹要一次性多拿点，拿不动我晚点帮你送。
—一脸懵逼的驿站小二
翻转卡片有小惊喜
我的获得的卡片 12/20
表心意 感谢有你
集齐3种感恩礼 得最高1111现金红包
活动时间：11月8日 — 11月20日
公益礼
5
取件礼
取件领卡
25
互动礼
互动领卡

在菜鸟驿站5周年之际，以顶住大促，服务不降级，控制预期，打造“有温暖的驿站”为业务目标，开展了一次“驿表心意，感谢有你”的活动。

在线上活动部分通过让用户完成不同的小任务，在了解业务和体验功能的同时拿到权益，并最终合成感恩大礼，让整个链路形成流量闭环，让用户在里面玩起来，而最终达成业务目标。

菜鸟驿站会随着天猫双11继续不断成长。

菜鸟驿站
菜鸟收货节
竹海水韵春风里店
营业时间 8:00-23:00
延长2小时
增派人手
手推车
点击领卡
点赞 2864
踩 25
留言
退货寄件
纸箱回收
城市超人
你反馈过在"排队时间"问题上我们做得还不够好，接下来我会更加努力的～
有驿站我放心!
#双11你买了几个包裹#
包裹多到对了一屋子啊...
#你那里下雪了吗?#
郑州暴雪，快递员路上小心
活动细则
驿表心意
感谢有你
集齐3种感恩礼 得最高1111现金红包
活动时间：11月8日 — 11月20日
25
互动礼
5
取件礼
公益礼
我的卡包
获得方式：
给菜鸟驿站 点赞、踩、留言
均可获得
去互动
获得方式：
当日24点前取走当日通知的菜鸟驿站或者
菜鸟回箱计划

CAINIAO THANKSGIVING DAY

–

快递员十年感恩

菜鸟联合6家合作伙伴推出快递员十年感恩活动，通过双11点亮梦想，助力快递员赢取梦想基金，引导更多快递员完成星计划，同时提高菜鸟以及星计划的社会认知度。

通过线上活动“活动点赞”和“发送感谢费”，打通快递员与消费者之间的情感表达通道，同时使星计划覆盖到更多的快递员。

神行太保
领画像红包
亲爱的王大锤
感恩十年
一路有你
百万红包等你拿!
活动时间:11月8日-11月20日
恭喜王**获得现金红包1000元
我的画像
首次生成画像并分享集赞可获得红包一个

ALIBABA CLOUD

–

阿里云

“巅峰钜惠，拼你喜欢”——双11拼团购，阿里云首次尝试将云产品“消费化”，通过拼团手段带领B类和C类用户玩转双11。视觉上用立方体结合云产品的抽象元素整合“拼”的概念，用计算设计的语言呈现出一个独特的双11体验。这是阿里云营销史上的一次新的尝试。回顾整个过程，我们将C端营销语言与B类商品售卖融合，结合游戏化思维以及特殊的云大使商业模式进行了一次大胆的尝试与创新，旨在为B类客户带来一个不一样的双11体验。

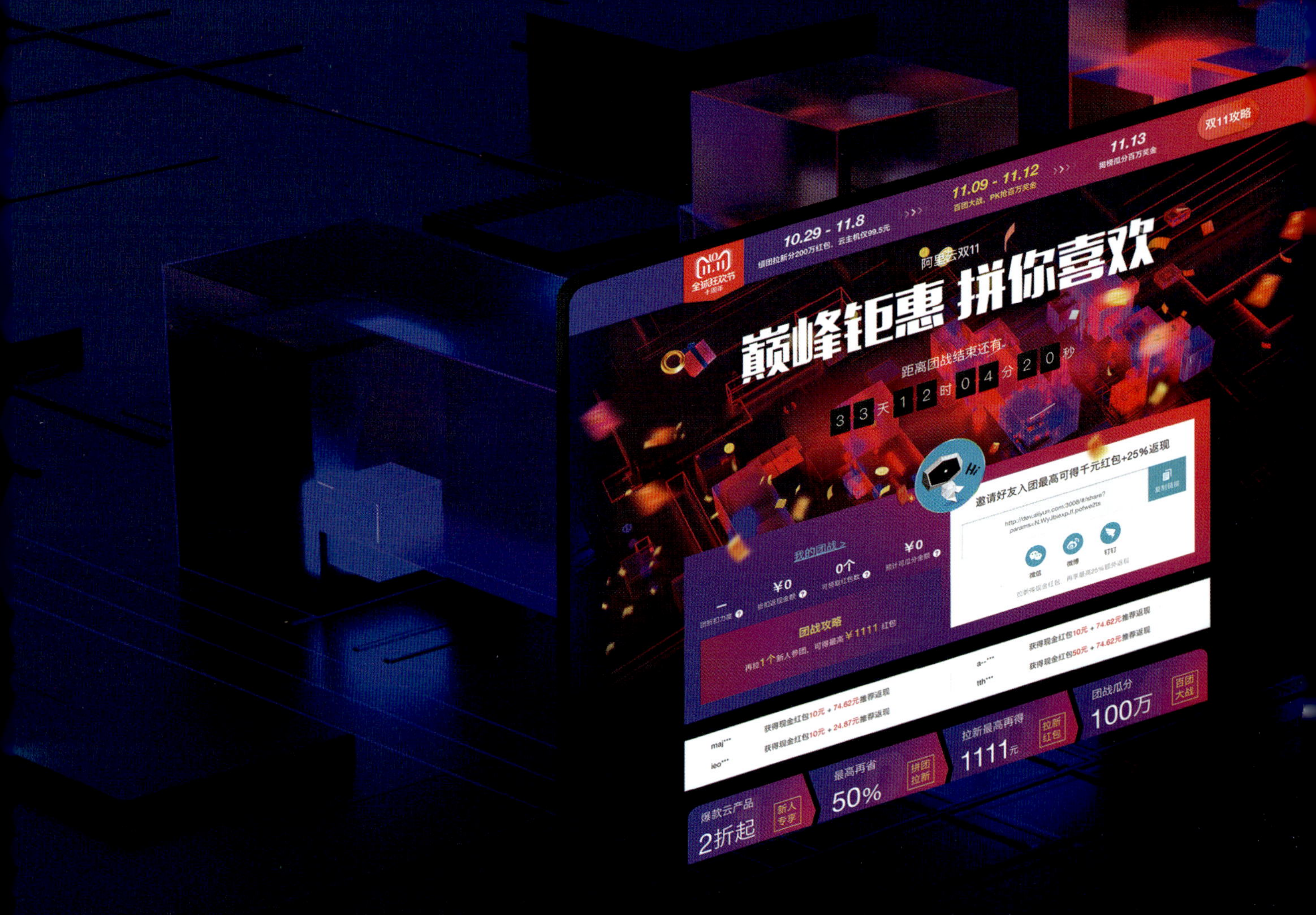

阿里云
阿里云
10.29-11.8
组团拉新
分200万红包
10.29-11.8
百团大战
PK赢百万奖金
11.13
揭榜
分百万!
攻略
全球狂欢节
巅峰钜惠
拼你喜欢
新会员特惠
云主机仅99.5元
1折起购买
老会员拉新
最高得千元红包+
25%返现
立即开团
双11拼团赚钱攻略
我的团战
1
新人专享
新人专享
云产品2折起
2
高再省50%
3
领红包
拉新领红包
4
11.8开战!
百团瓜分

BIG SCREEN

–

媒体中心数据大屏

2018年双11媒体中心的巨型屏幕上，阿里巴巴大数据设计团队以“明日之城”为主题，通过一镜到底的可视化手法，向世界展示了从浩瀚宇宙到市井生活的24小时实时数据变化。大场景对设计的视域有着精准的要求，而实时数据又需要设计师有较强的空间想象能力来预判极端情况下的可视化表达。440平方米的巨幕、阿里最先进的前端可视化技术，与大屏共同产生了化合作用，诠释了阿里经济体在全球化环境下的数字商业人文精神。

地球之声：200多个国家和地区在阿里经济体内实时交易情况

天空之城：城市生活与虚拟世界的融合

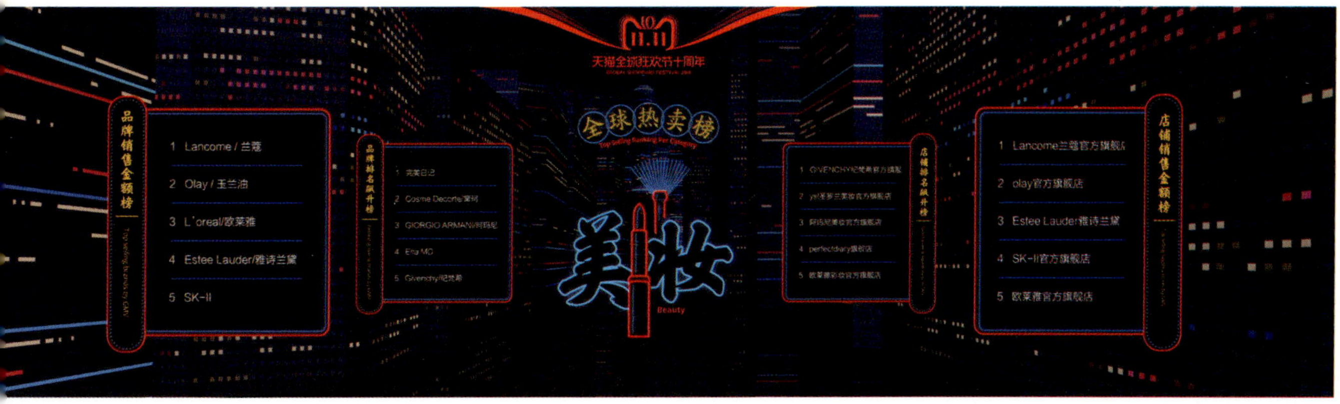

理想生活：十年消费与产业升级

上海、北京、杭州——数据经济时代的全球清明上河图，
对于大屏设计而言，文化底蕴是比酷炫更重要的关键字。
借鉴传统文化与符号来隐喻数据城市，是本次大屏设计的一个大胆尝试。

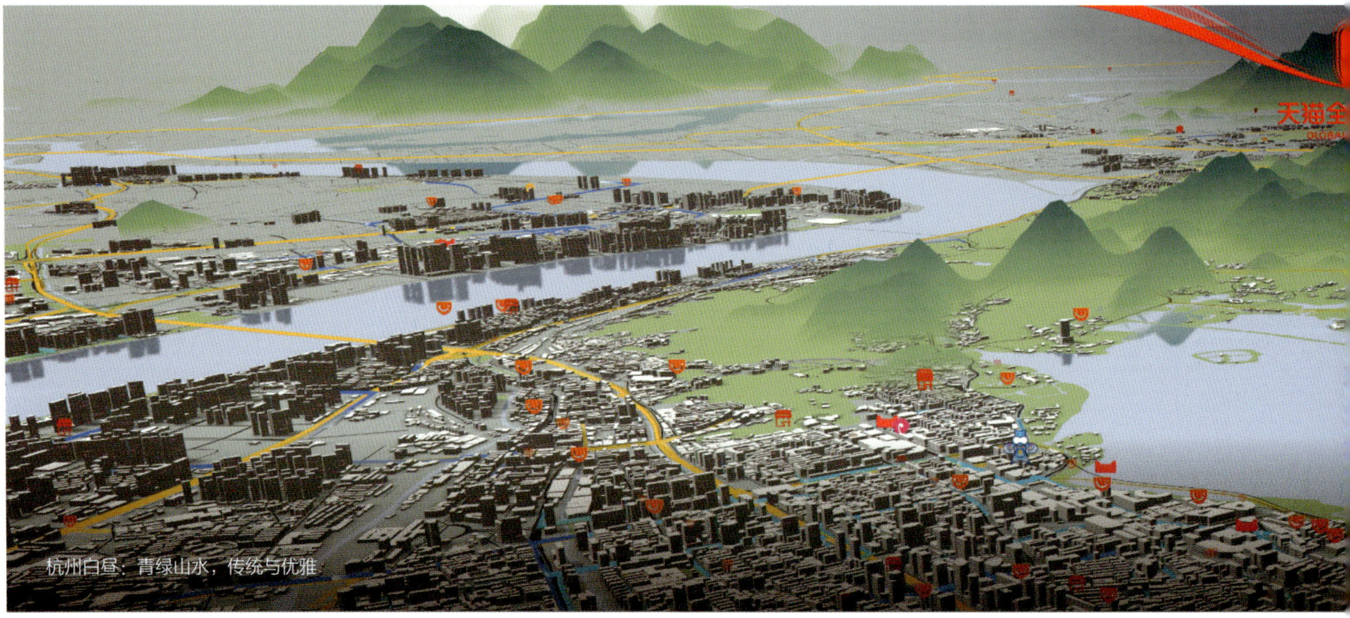

杭州白昼：青绿山水，传统与优雅

上海：霓虹之光，摩登与时尚

北京：红墙黄瓦，古朴与庄重

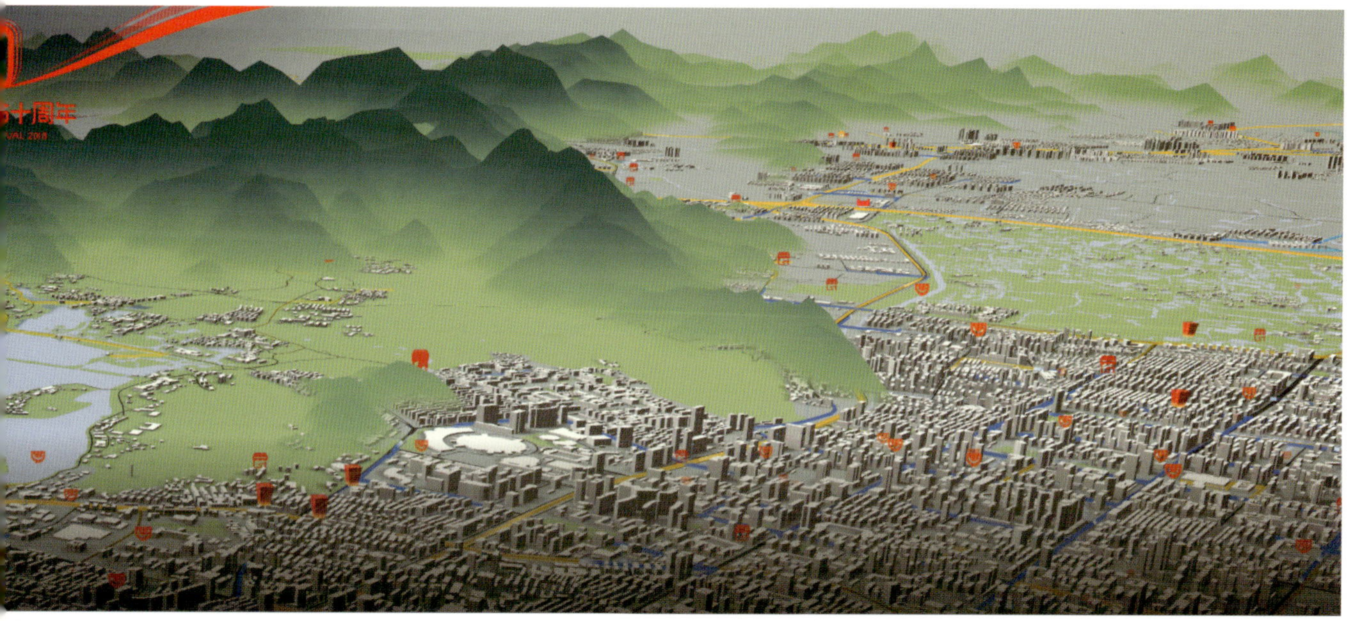

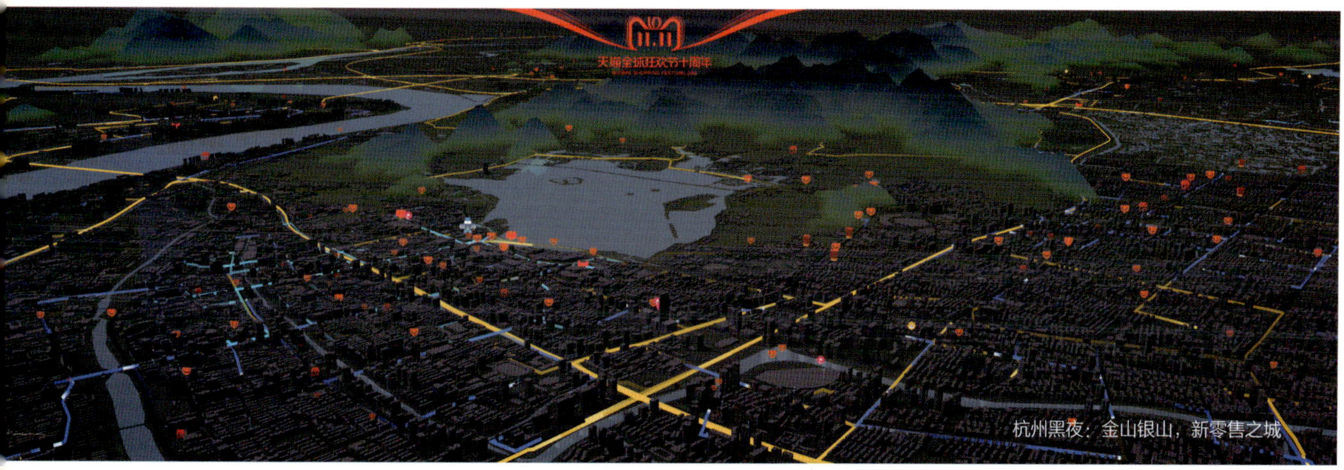

杭州黑夜：金山银山，新零售之城

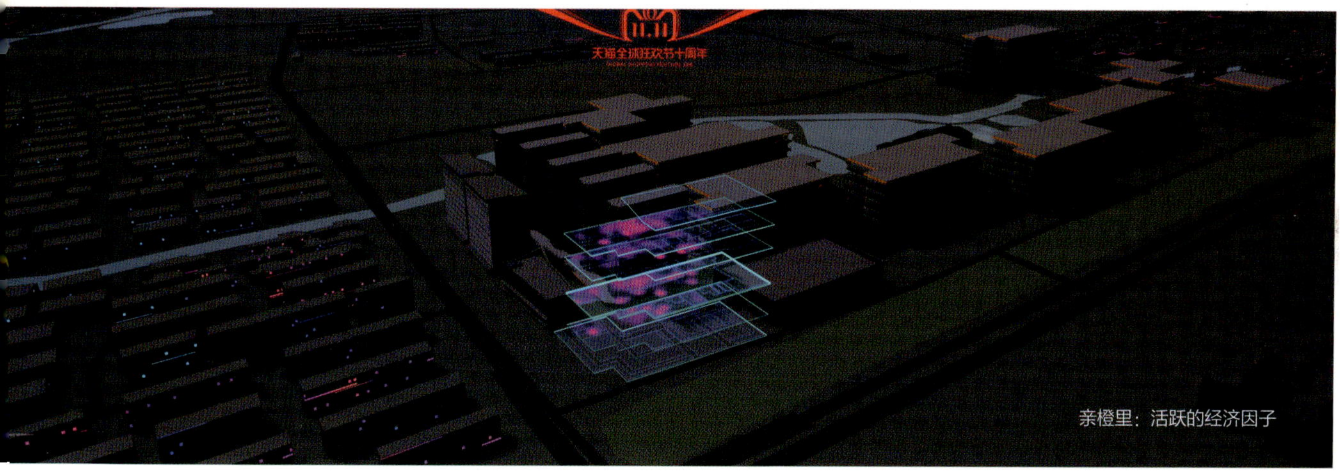

亲橙里：活跃的经济因子

Alibaba Design

让 商 业 美 而 简 单